CAROLYN MEYER

DAS GIFT DER KÖNIGIN

Carolyn Meyer
wuchs in einem kleinen Ort in Pennsylvania, USA, auf.
Bereits seit 1969 schreibt sie sehr erfolgreich Romane, Erzählungen
und Sachbücher für Kinder und Jugendliche.
Viele ihre Bücher wurden mehrfach ausgezeichnet
Das Gift der Königin, die tragische Geschichte der Maria Tudor,
der ältesten Tochter von König Heinrich VIII., wurde von der
American Libery Association unter die besten zehn Bücher des Jahres
1999 gewählt. Ein Roman über Marias jüngere Halbschwester
Elisabeth ist in Vorbereitung.

CAROLYN MEYER

DAS GIFT DER KÖNIGIN

*Aus dem
amerikanischen
Englisch
von Anne Braun*

Arena

Das Gift der Königin ist eine fiktive Geschichte, die auf historischen
Figuren und Fakten basiert. Die Autorin hat sich jedoch erlaubt
einige Details abzuändern.

Für Marcia H. Henderson

Die Originalausgabe erschien 1999 unter dem Titel
Mary, Bloody Mary
bei Harcourt Brace & Company, San Diego
Copyright © 1999 by Carolyn Meyer
Published by Arrangement with Carolyn Meyer
Vermittelt durch die Literarische Agentur
Thomas Schlück GmbH, Garbsen

In neuer Rechtschreibung

1. Auflage 2001
Für die deutschsprachige Ausgabe:
© 2001 by Arena Verlag GmbH, Würzburg
Alle Rechte vorbehalten
Übersetzung: Anne Braun
Einbandillustration: Dorothea Göbel
Gesamtherstellung: Westermann Druck Zwickau GmbH
ISBN 3-401-05197-0

INHALT

Ferdinand und Isabella
von Spanien

Heinrich VII.
und Elisabeth von York

Katharina von Aragon ——— HEIRAT 1501 ——— Arthur
(1485 - 1536)   (1486 - 1502)

HEIRAT 1509
EHE ANNULLIERT 1533

Heinrich
(geboren und
gestorben 1511)

Maria Tudor
(1516 - 1558)

DIE
TUDORS

Heinrich VIII.
(1491 - 1547)

NIE VERHEIRATET — Elisabeth (Bessie) Blount
(1502? - 1539)

|

Heinrich Fitzroy
(1519 - 1536)

HEIRAT 1533 — Anne Boleyn
(1501? - 1536)

|

Elisabeth
(1533 - 1603)

HEIRAT 1536 — Jane Seymour
(1509 - 1537)

|

Eduard VI.
(1537 - 1553)

HEIRAT 1540 — Anna von Kleve
SCHEIDUNG 1540 (1515 - 1557)

HEIRAT 1540 — Katharina Howard
(1520? - 1542)

HEIRAT 1543 — Katharina Parr
(1512 - 1548)

Anne war eine Hexe, das hatte ich von Anfang an gewusst. Sie hatte ihren Tod verdient, auch daran zweifelte ich keine Sekunde. Sie hatte *meinen* Tod ebenfalls gewünscht, lange bevor das Schwert des Henkers drohend über ihrem Nacken schwebte: Monat um Monat hatte ich in der Angst gelebt, dass man mir in ihrem Auftrag heimlich Gift in meine Tasse schütten könnte. Und doch soll sie – so wurde mir berichtet – eine Stunde, bevor die Klinge ihren Hals durchtrennte, angeblich darum gebetet haben, ich möge ihr verzeihen. Hätte ich ihr vergeben, wenn die Gefängniswächter mir ihre Nachricht überbracht hätten?

Nein. Niemals!

Sie hat meinen Vater betört und verführt. Sie machte aus ihm einen Mann, der seinem früheren Wesen absolut fremd war und nie mehr zu dem König wurde, der er einst gewesen war, selbst nachdem sie ihren diabolischen Einfluss verloren hatte. Wegen dieses boshaften, hinterhältigen Weibes, das sich selbst Königin nannte, verlor ich alles, was ich dereinst besessen hatte: meinen rechtmäßigen Platz innerhalb der Familie, die Nähe meiner geliebten Mutter, die zärtliche Zuneigung meines Vaters, meine

Aussicht auf eine standesgemäße Heirat. Ich war sogar nahe daran, mein Leben zu verlieren.

Wegen Anne warf mein Vater meine Mutter weg wie einen alten, abgenutzten Pantoffel und er verbat ihr und mir, uns jemals wieder zu sehen. Wegen Anne erklärte er mich zu einem Bastard und demütigte mich aus selbstsüchtigen Motiven. Und nachdem er mich in seinem Streben nach noch mehr Macht jahrelang als Schachfigur benutzt hatte und mich erst jenem König und dann jenem Kaiser als Gemahlin angetragen hatte, ließ er auch mich fallen.

Nein, ich kann ihr nicht verzeihen.

Doch ehe ihr ein Urteil über mich fällt, bitte ich euch: Hört euch zuerst meine Geschichte an.

KAPITEL I

KÖNIG FRANZ

Ich hatte König Heinrichs feuriges Temperament geerbt – das konnte niemand leugnen! Und so war es nicht weiter erstaunlich, dass ich an dem Tag, an dem ich erfuhr, dass er mich mit dem König von Frankreich zu verloben gedachte, regelrecht explodierte.

»Ich kann es nicht glauben, dass mein Vater mich an diesen widerlichen alten Mann verschachern will!«, tobte ich und schleuderte alle verfügbaren Kissen auf den Fußboden meines Zimmers. »Ich werde ihn nie, *niemals* heiraten!«

Doch damals war ich erst zehn Jahre alt und musste es erst noch lernen, meinen Ärger im Zaum zu halten und ihn nicht als Waffe einsetzen zu wollen. Ich brüllte und stampfte mit den Füßen, bis meine Wut zu einem erschöpften Tränenausbruch verebbt war. Zwischen einzelnen Schluchzern warf ich immer wieder heimliche Blicke auf meine Erzieherin, Lady Margaret mit ihrer langen Nase, die Gräfin von Salisbury. Sie stickte unbeirrt weiter, als wäre nichts geschehen.

»Beruhigt Euch wieder«, sagte die Gräfin besänftigend, während ihre Nadel in den Stoff hinein- und wieder herausfuhr, »es handelt sich doch nur um eine Verlobung und bis zu einer Heirat ist es noch ein langer Weg, wie Ihr sehr wohl wisst. Und im Übrigen, Madam, ist es der Wunsch des Königs.«

Ihre Gelassenheit machte mich nur noch zorniger. »Es ist mir vollkommen gleichgültig, ob es sein Wunsch ist oder nicht! Mein Vater schenkt mir so wenig Aufmerksamkeit, dass ich bezweifle, dass er überhaupt noch weiß, dass es mich gibt!«

Der Anflug eines Lächelns huschte über Salisburys Gesicht. Sie legte ihren Stickrahmen beiseite und tupfte mir mit einem feinen Leinentüchlein die Wangen ab. »Das weiß er, liebe Maria, das weiß er gut. Ihr werdet ihm mit jedem Tag ähnlicher – Ihr habt seine helle Haut, seine lebhaften blauen Augen, sein schimmerndes rotblondes Haar geerbt.« Sie steckte das Handtuch in den Ärmel ihres Gewands zurück und seufzte. »Und leider auch sein Temperament.«

Mit einem Mal verließen mich meine Kräfte und ich ließ mich auf mein breites Bett fallen. »Wann soll es stattfinden, Salisbury?«, murmelte ich müde.

»König Franz und sein Hofstaat wollen im April zum Fest des heiligen Georg hier eintreffen. Wir haben also volle drei Monate Zeit für die Vorbereitungen. Die königliche Hofschneiderin wird bald mit der Arbeit für Euer Festgewand beginnen. Eure Mutter, die Königin, ließ schon überbringen, dass sie an einen grünen Stoff mit weißer Borte denkt. Und Euer Umhang wird golden sein.«

»Ich hasse Grün«, brummte ich. Vielleicht war das ein Kampf, den ich gewinnen konnte, obwohl meine liebe, geduldige Mutter in Sachen Sturheit meinem Vater in nichts nachstand. »Und es ist mir auch völlig gleichgültig, dass Grün und Weiß unsere königlichen Farben sind!«

»Mir scheint, dass Madam heute gegen fast alles ist«, antwortete Salisbury ungerührt. »Warten wir ab! Vielleicht sieht die Welt morgen früh wieder etwas freundlicher aus.«

»Tut sie nicht!«

»Des ungeachtet ist es Zeit zum Beten, Madam.«

Ich rutschte von meiner hohen Matratze herunter und kniete mich neben meine Erzieherin auf den kalten Steinboden, wie jeden Morgen und jeden Abend und gemeinsam sagten wir unsere Gebete auf.

Anschließend kamen zwei der Zofen, um mich zu entkleiden und mir mein seidenes Nachtgewand überzustreifen. Sie löschten alle brennenden Kerzen bis auf eine. Ich kletterte auf meine hohe Bettstatt zurück, von wo aus ich, auf einen Ellbogen gestützt, beobachtete, wie meine Erzieherin sich vorsichtig auf der schmalen Matratze auf dem Boden neben meinem Bett ausstreckte und mit der Decke aus Satin zudeckte. Salisbury war recht groß und die Decke war ziemlich kurz. Als sie die Decke resolut bis an ihr spitzes Kinn hochzog, ragten unten ihre Füße hervor. Bei diesem Anblick war mir zum ersten Mal an diesem Tag ein bisschen nach Lachen zu Mute.

Bald nach meinem elften Geburtstag im Frühling des Jahres 1527 stand ich, Maria Tudor, Tochter von Heinrich VIII., König von England, und seiner Gemahlin, Königin Katharina von Aragon, wippend auf einem Stuhl. Die königliche Hofschneiderin und ihre Gehilfinnen zupften und zerrten an meinem Verlobungsgewand aus schwerer, grüner Seide herum, während sie – wie mir schien – tausend Fältchen absteckten. Warum musste das nur so lange dauern? Mir tat der Kopf weh – und auch im Magen war mir nicht wohl.

»Noch etwas Geduld, Madam«, säuselte die Hofschneiderin. »Ihr wollt Eurem Bräutigam doch gefallen, nicht wahr?«

»Nein, will ich nicht«, antwortete ich schnippisch. Nach dem, was ich dem Klatsch der Ladys am Hof entnommen hatte, war Franz, der König von Frankreich, extrem hässlich und abstoßend, ein lüsterner alter Mann mit Warzen, Pockennarben und einem stinkenden Atem.

»Aber es ist der ausdrückliche Wunsch Eures Vaters, des Königs«, gab die Hofschneiderin zu bedenken.

Ich seufzte und stellte mich gerade und reglos hin. *Es ist der Wunsch Eures Vaters, des Königs.* Ich konnte diesen Satz nicht mehr hören! In Bälde würde der französische König mit seinem Hofstaat ankommen und ich, die ich den Wünschen meines Vaters Folge zu leisten hatte, würde meine kleine zarte Hand in die widerliche Tatze des schrecklichen Franz' legen und ihm versprechen seine Braut zu werden.

Schließlich war das Gewand fertig, die Vorbereitungen waren abgeschlossen und meine Koffer für die Reise von meinem Palast in Ludlow, in der Nähe der walisischen Grenze, nach London gepackt. Wir reisten mit meinem Hofstaat von Höflingen und Zofen und Salisbury und ich fuhren in der königlichen Sänfte, die mit Seide ausgeschlagen und drallen Samtkissen ausgestattet war und von zwei Schimmeln getragen wurde. Nach fast zweiwöchigem Geschaukel auf ausgetretenen Wegen kamen wir schließlich schmutzig und erschöpft im Greenwich-

Palast am Ufer der Themse an, fünf Meilen östlich von London.

Als ich auf der Suche nach meiner Mutter durch den Palast eilte, spürte ich die allgemeine Aufregung. Neue Wandteppiche hingen an den Wänden der großen Halle. Die königlichen Musikanten, Komödianten und Theaterschneider eilten geschäftig mit Masken und Kostümen hin und her. In den königlichen Küchen wurden karrenweise Lebensmittel für die Bankette angeliefert.

Trotz der Aufregung, und vielleicht gerade deshalb, fühlte ich mich unwohl. Je näher die Ankunft des französischen Königs kam, desto mehr litt ich an Kopfschmerzen und Magenkrämpfen. Mein Leibarzt behandelte mich mit übel schmeckender Medizin, doch sie half nichts.

Dann erreichte uns die Botschaft, dass die Schiffe, die König Franz und seine Reisegefährten herbringen sollten, wegen der Stürme Verspätung hatten. Mein Bräutigam würde erst eintreffen, wenn sich die Wetterbedingungen gebessert haben würden. Ich ertappte mich bei dem Gedanken: Vielleicht geht das Schiff unter. Vielleicht wird er ertrinken und ich werde ihn nie heiraten müssen. Doch natürlich verwarf ich diesen Gedanken sofort wieder. Da es mir von klein auf eingeschärft worden war, war mir natürlich klar, dass ich diese bösen Gedanken meinem Beichtvater gestehen und Buße tun musste, um seine Absolution zu erhalten.

Doch da diese Sünde nun schon einmal begangen war – eine recht geringfügige, in meinen Augen –, konnte ich sie genauso gut auch zu meinem Vorteil nutzen. Ich kniete mich auf den kalten, harten Steinfußboden, mit kerzengeradem Rücken, die Hände unter dem Kinn verschränkt, die

Augen zum Himmel gerichtet und betete: *Lieber Gott,
wenn es dein Wille ist, König Franz zu dir zu nehmen, so bitte
ich dich, mir an seiner Stelle einen* guten *Ehegemahl zu schicken!*

Genaue Vorstellungen davon, wie ein *guter* Ehemann zu
sein hatte, hatte ich allerdings nicht. In diesem Punkt verließ ich mich ganz auf den lieben Gott.

Fast drei Wochen lang wüteten die Stürme, ehe sie sich
schließlich abrupt legten. Gegen Mitte April landeten König Franz und sein riesiges Gefolge von Höflingen und
Dienern in Dover und wurden von Rittern und Gefolgsmännern meines Vaters nach Greenwich geleitet.

»Wer weiß, vielleicht findet er gar keinen Gefallen an
mir«, sagte ich hoffnungsvoll zu Salisbury.

»Mag sein, aber das ist sehr unwahrscheinlich, Madam«,
antwortete Salisbury. Ihr offenes Gesicht war so freundlich wie immer. »Der französische König hat ein Porträt
verlangt, das Euer Vater ihm überbringen ließ, in einem
hübschen Elfenbeinkästchen, auf dessen Deckel die Rose
der Tudors eingeschnitten war. König Franz soll entzückt
gewesen sein über den lieblichen Inhalt, den er darin entdeckte.«

Wie empörend! »Salisbury, warum geht es immer so herum? Wenn ich sein Porträt verlangt hätte, um zu prüfen,
ob er mir zusagt, hätte ich es dann auch bekommen?«

Salisbury lachte. »Wohl kaum. Auf dieser Welt herrschen
andere Regeln.«

»Wie ungerecht«, schimpfte ich leise, obwohl mir natürlich klar war, dass sie Recht hatte.

Die Festlichkeiten zu Ehren des heiligen Georg, des Schutzpatrons von England, begannen mit einem abendlichen Bankett. Das war meine erste Möglichkeit, einen Blick auf den Mann zu werfen, mit dem ich verlobt werden würde. Als König Franz mit einer Trompetenfanfare die große Halle betrat, sah ich, dass er fast so groß war wie mein Vater, aber viel dünner, abgesehen von einem kleinen, runden Bauch. Unglücklicherweise wurde er an das eine Ende der königlichen Tafel gesetzt und ich an das andere. Da ich von Geburt an etwas kurzsichtig bin, konnte ich seine Gesichtszüge auf diese Entfernung nicht deutlich erkennen. Ich sah nur seine weißen Hände, die wie aufgeschreckte Tauben nervös herumflatterten. Aber dafür konnte ich ihn umso besser *hören* – wenn er lachte, musste ich unwillkürlich an einen schreienden Esel denken.

Während ich noch versuchte, ihn mir genauer anzuschauen, kündigten die Trompeter den ersten Gang an: an die zwei Dutzend Schüsseln mit verschiedensten Delikatessen, darunter Wildbret, gesalzener Hirsch, gerösteter Silberreiher, Schwan und Kranich, Hecht, Reiher, Karpfen, Zicklein, Flussbarsch, Kaninchen, Hammelpastete und gebackene Quitten. Der zweite Gang umfasste mindestens ebenso viele Gerichte – Flusskrebse, Garnelen, Austern, Aal, Kiebitze, Rotschenkel, Schnepfen, Lerchen in Brotteig, gekochte Eierkrem und Marzipan.

Es war Sitte, wie Salisbury mich gelehrt hatte, von jedem Gericht nur ganz wenig zu nehmen, kaum mehr als ein Häppchen. Diesem Brauch zu folgen war nicht immer leicht, besonders wenn Garnelen und Austern gereicht wurden. Und obwohl ich normalerweise gerade diese beiden Leckerbissen sehr mochte, weil Salisbury sie mir daheim nie servieren ließ, verging mir an diesem Abend der Appetit, sobald ich die weißen Hände am anderen Tischende herumflattern sah und das brüllende Gelächter hörte. Nicht einmal die Garnelen reizten mich. Als ich mir vorstellte, den Rest meines Lebens an der Seite dieses Mannes zubringen zu müssen, konnte ich kaum noch schlucken.

Das Bankett endete mit einem kunstvoll arrangierten, opulenten Nachtisch, einer Nachbildung der Arche Noah, die fast einen Meter hoch war und ausschließlich aus Zucker bestand. Eine Prozession sämtlicher Tierarten, tatsächlich existierende und auch Phantasietiere, aus Mandelkrem bevölkerte das Schiff aus Zucker. Auf dem Deck stand ein winzig kleines Pärchen, das wohl Noah und seine Gemahlin darstellte, wie ich annahm. Plötzlich deutete mein Vater auf die beiden Figürchen und rief laut: »Schaut nur! Der König von Frankreich und unsere geliebte Prinzessin von Wales, die ihre ergebenen Untertanen grüßen!«

Die ganze Tischgesellschaft begann zu grölen. Wie von mir erwartet wurde, senkte ich brav den Blick und lächelte, aber in meinem Innersten hatte ich nur einen Wunsch: aufzuspringen und wegzurennen!

Als das Bankett sich seinem Ende näherte, war es an der Zeit, dass meine Mutter und ich König Franz und sein Gefolge kennen lernten. Wie hatte ich mich vor diesem Moment gefürchtet! Der Hofstaat trat zuerst an und begrüßte mich in Französisch, Latein oder Italienisch. (»Sie haben dumme Fragen gestellt«, beklagte ich mich später bei Salisbury. »Wie albern, mich in drei verschiedenen Sprachen zu fragen, wie alt ich sei!«) Das Antworten bereitete mir keine Mühe, doch meine Aufmerksamkeit galt König Franz, der immer näher und näher kam. Inzwischen konnte ich seine wässerigen Augen und die lange Hakennase gut erkennen.

Schließlich war es so weit: Der französische König beugte sich über meine Hand und drückte einen feuchten Kuss darauf. Ich musste mich zusammenreißen, um nicht zu würgen. »Das Juwel Englands«, erklärte mein Vater voller Stolz. »Meine wertvollste Perle.« Wie konnte mir mein Vater so etwas antun?

Nach dem Bankett unterhielt Heinrich seine französischen Gäste mit einer Bärenhatz. Ich saß an der Seite meines Vaters, als ein riesiger blinder Bär namens Jack unter Applaus und Gejohle in den Ring geführt wurde. Der königliche Bärenhüter ließ ein Rudel Hunde los. Ohne sie sehen zu können, schlug Jack mit seiner mächtigen Pfote zu und schaffte es, die ersten beiden Doggen zu töten, die ihm an die Kehle springen wollten. Weitere Hunde wurden in den Ring gelassen und es sollte nicht lange dauern, bis Bär und Hunde blutüberströmt und benommen waren. Mit blutverkrustetem Fell taumelte Jack durch den Ring, über tote und sterbende Hunde hinweg. Das Heulen der Hunde, das Brüllen des Bärs und das Gejohle der Zuschauer waren ohrenbetäubend und mir wurde übel vom Blutgeruch, der in der Luft lag. Irgendwann blickte der Bärenhüter zu meinem Vater herauf. Er wartete auf ein Zeichen.

»Wie soll das Urteil lauten, meine geliebte Prinzessin?«, wandte sich mein Vater an mich. »Darf der alte

Jack weiterleben oder muss er sterben? Es liegt in deiner Hand.«

Ich war wie benommen von diesem blutrünstigen Schauspiel. »Ich will seinen Tod!«, erklärte ich mit zitternder Stimme, wohl wissend, dass mein Vater diese Worte von mir erwartete, obschon ich mir von ganzem Herzen wünschte, ich hätte die Macht, das Leben des armen Bären zu retten.

»Eine gute Entscheidung!«, rief mein Vater und machte dem Bärenhüter ein Zeichen, woraufhin dieser einen letzten Hund hineinließ, der sich sofort auf die Kehle des inzwischen erschöpften und verletzten Bären stürzte.

Als das gewaltige Tier zu Boden sank und verendete, warf ich einen kurzen Blick auf meinen Verlobten, König Franz. Seine Hände flatterten noch immer unruhig hin und her, doch er schien etwas bleicher als sonst. Zumindest war sein Eselgewiehere verstummt.

Drei Tage nach dem Bankett stand ich in meinem neuen grün-weißen Seidengewand während der Verlobungszeremonie stocksteif zwischen König Heinrich und Königin Katharina. Der goldene Umhang, der um meine Schultern hing, war so lang und schwer, dass es sechs Zofen bedurfte, um ihn zu tragen. Um meinen Hals hingen so viele schimmernde Ketten, dass ich das Gefühl hatte, jeden Augenblick zu ersticken. Mit einem anzüglichen Grinsen steckte Franz mir einen mit Diamanten und Rubinen besetzten Ring an den Finger.

Wie lange muss ich das noch ertragen?, fragte ich mich, während ich gegen Magenkrämpfe und Schwindelgefühle ankämpfte. Ich hatte Mühe, meine aufsteigenden Tränen zurückzuhalten, doch ich war nicht umsonst darin geübt, in der Öffentlichkeit keine Gefühle zu zeigen. *»Ista puella nunquam plorat«,* pflegte mein Vater auf Lateinisch zu prahlen, wenn er mich auf den Schultern durch die große Halle trug. »Dieses Mädchen weint niemals.« Wie hätte er auch ahnen können, wie häufig ich weinte, wenn ich allein war?

An diesem Abend fand ein weiteres Bankett statt, noch üppiger als das Begrüßungsbankett. Nach dem mehrstündigen Mahl machte mir der König das Zeichen, die königliche Tafel zu verlassen und mich für die Maskierung vorzubereiten. Das war eine weitere Vorliebe meines Vaters; er liebte es, sich in die kunstvollsten Gewänder zu hüllen, die der königliche Gewandmeister sich ausdenken konnte. Er hatte angeordnet, dass ich, sieben Hofdamen meiner Mutter und sieben Höflinge sowie er selbst ein Gewand aus dem hohen Norden tragen würden. Die pelzbesetzten Gewänder waren ganz nach meinem Geschmack und Tanzen gefiel mir auch. Seit meiner Ankunft in Greenwich hatte mein Tanzlehrer mit mir und den sieben Hofdamen die Tanzschritte so oft geübt, dass wir sie praktisch auswendig kannten.

Es war während einer der Proben gewesen, dass mir eine besondere Hofdame meiner Mutter zum ersten Mal aufgefallen war. Diese Hofdame trug ihre dicken, schwarzen Haare, die wie der Flügel eines Raben schimmerten, offen, während alle anderen Frauen ihr Haar bescheiden unter einer Haube oder Kappe verbargen. Ihre Augen glänzten schwarz wie Onyx, ihre Haut war weiß wie Milch, ihr Körper zierlich und biegsam wie eine Weide. Um den Hals trug sie ein schwarzes Samtband, das vorne mit einem großen Diamanten besetzt war. Sie hob sich deutlich ab von den anderen, rosahäutigen Ladys mit ihren hellblauen Augen und goldenen Zöpfen. Die anderen neunundvierzig Zofen meiner Mutter trugen hübsche, helle Gewänder, doch diese eine war immer in Schwarz und Weiß gekleidet.

Der Name dieser Hofdame lautete Anne Boleyn. Ich hatte zufällig mit angehört, dass sie als Tochter des englischen Botschafters am französischen Hof aufgewachsen war. Kurz nachdem sie und ihre Schwester nach England zurückgekehrt waren, hatte meine Mutter ihnen angeboten, ihrem Hofstaat beizutreten. Anne sprach Französisch auf eine spielerische, spöttische Art und es klang ganz anderes als das formelle Französisch meiner Lehrer. Sie war lustig und geistreich; ihr häufiges, trillerndes Lachen entging niemandem. Und obwohl sie nicht von königlichem Blut war und schlicht Lady Anne genannt wurde, benahm sie sich wie eine Adlige. Ich fand sie sehr faszinierend.

Der Maskentanz begann. Ich führte die sieben Damen, darunter auch Anne, an, als wir aus einer angeblichen Eishöhle kamen, die mit grünen Girlanden geschmückt war, und auf eine niedere Plattform tanzten. Dort stießen acht Männer zu uns, die lange Pelzcapes schwenkten. Obwohl König Heinrich eine samtene Maske trug, die sein Gesicht fast verdeckte, war er leicht zu erkennen – mit seiner Größe von über sechs Fuß ragte er aus jeder Menschenmenge hervor. Als die Tanzenden wie geplant Paare bildeten, reichte mir der maskierte König seine Hand zu einer würdevollen Pavane. Doch während wir die komplizierten Schritte ausführten, fiel mir auf, dass die Augen meines Vaters nicht auf mir ruhten, sondern der hübschen schwarzhaarigen Tänzerin folgten. In seinen Augen lag ein Ausdruck von Gier, den ich noch nie darin gesehen hatte, und er gefiel mir ganz und gar nicht.

Ich musste unbedingt mehr über diese Anne Boleyn in Erfahrung bringen!

KAPITEL II

VERLOBUNGEN

Ihr braucht Euch zum jetzigen Zeitpunkt keine Sorgen zu machen«, versicherte mir Salisbury, als wir an einem strahlenden Morgen im Mai unsere Rückreise nach Ludlow antraten. An den Hecken am Wegrand glänzten Tautropfen und in der Luft lag ein lieblicher Blütenduft. »Bevor König Franz nach Frankreich zurücksegelte, beklagte er sich bei Eurem Vater, dass ›die Prinzessin so klein und zerbrechlich sei, dass erst in höchstens drei Jahren an eine Heirat zu denken sei, wenn sie vierzehn Jahre alt ist‹.«

»›Klein und zerbrechlich‹ – hat er das wirklich gesagt?«, rief ich empört aus. »Also gefalle ich ihm gar nicht! Warum hat er das nicht schon vor der Verlobungszeremonie gesagt?«

»Ihr gefallt ihm schon, Madam. Er macht sich nur Sorgen, dass Ihr nicht robust genug seid, ihm kräftige Kinder zu schenken. Doch das braucht Euch nicht zu belasten. Meine Gebete sind erhört worden: Ihr werdet noch genügend Zeit haben, um zu einer Frau heranzuwachsen. Und wer weiß schon, was die Zukunft bringen wird . . .«

»Ich werde niemals heiraten!«, schimpfte ich. »Ich hasse die Männer, die mein Vater für mich aussucht! Und wenn ich schon einem aufgeblasenen alten Schwätzer wie

Franz nicht gefalle, wer sollte dann Gefallen an mir finden?«

Dies war nun schon mein drittes Verlöbnis gewesen.

Das erste war mit dem Dauphin gewesen, dem ältesten Sohn von ebendiesem König Franz. Damals war ich knapp zwei Jahre alt gewesen und hatte mit meinem Vater und meiner Mutter zusammen in Greenwich gelebt. Natürlich erinnerte ich mich kaum an dieses Ereignis, doch Salisbury hat es mir später oft genug geschildert.

Alles, woran ich mich noch erinnerte, war eine große, behäbige Gestalt in scharlachrotem Satin, die sich über mich beugte – Kardinal Wolsey, dieser aufgeblasene Freund meines Vaters, der mir einen Ring an den Finger steckte, mit einem funkelnden Stein so groß wie ein Vogelei. Wolsey mit seinen langen, gelben Zähnen und den kalten, grauen Augen hat mir schon immer Angst eingejagt.

Ich konnte mich auch noch daran erinnern, wie ich zu meinem Vater hinaufblickte und ihn anlächelte, woraufhin er zurücklächelte. Wie sehr ich ihn liebte! Wie sehr ich mich immer freute, wenn er mich voller Stolz auf seine Schulter setzte und durch die große Halle trug, um mich zur Schau zu stellen, oder wenn er mich mit kleinen Häppchen von seinem Teller fütterte, während meine Mutter missbilligend die Stirn runzelte.

Dann, vier Jahre später, als ich schon fast sechs Jahre alt war, beschloss mein Vater, dass eine Heirat zwischen mir und dem französischen Dauphin nicht im Interesse der englischen Krone lag – und auch nicht mehr in seinem. Deshalb wurde die Verlobung wieder gelöst.

Meine Mutter – und auch Salisbury – erklärten mir, dass

mein Vater vom Zeitpunkt meiner Geburt an – ich war sein einziges überlebendes Kind – über die Wahl eines geeigneten Ehemanns nachgedacht hatte. Dabei ging es nicht einmal in erster Linie um einen Ehemann, sondern vielmehr um das Eheversprechen. Es konnten noch viele Zusagen gemacht werden, ehe es zu der endgültigen Vermählung kommen würde.

»Eine Tochter hat natürlich nicht denselben Wert wie ein Sohn«, sagte Salisbury, »aber eine Prinzessin ist dennoch hoch geschätzt. Sie ist ein wertvolles Instrument, um Allianzen mit Königen und Königreichen einzugehen. Aber darüber braucht Ihr Euch nicht den Kopf zu zerbrechen, Maria, weil Ihr in Staatsangelegenheiten ohnehin nicht mitzureden habt. Eure Mutter, die Königin, wurde auch nicht nach ihrer Meinung gefragt, als ihr Vater, König Ferdinand von Spanien, sie Prinz Heinrich zur Braut gab. Eine Heirat ist die Angelegenheit von Männern, insbesondere von Vätern, und ganz besonders im Falle von Königen.«

Ich widersprach natürlich heftig. Mein Vater liebte mich innigst! Da musste es ihm doch sehr am Herzen liegen, mich glücklich zu sehen!

»Es geht nicht um Euer Glück, Madam«, antwortete Salisbury in ihrer ruhigen Art, die einen manchmal richtig wütend machen konnte.

Zu meinem Leidwesen sollte ich jedoch bald feststellen, dass Salisbury Recht hatte: Ob ich glücklich war, spielte keine Rolle – niemals!

Nach dem französischen Thronfolger hatte mein Vater als Nächstes meinen spanischen Vetter Karl ins Auge gefasst, den Sohn der Schwester meiner Mutter. Damals war ich sechs Jahre alt gewesen, Karl hingegen ein Mann von zweiundzwanzig Jahren, der den Titel Kaiser des Heiligen Römischen Reiches trug.

Anlässlich meiner Verlobung mit Karl hatte eine prunkvolle Prozession von London nach Dover an der Küste stattgefunden. Ich fuhr mit meiner Mutter in unserer königlichen Sänfte und Menschenmassen säumten unseren Weg, jubelten uns zu und warfen ihre Mützen in die Luft. In Dover trafen wir Karl.

Er war mit einer Flotte von einhundertachtzig Schiffen von Spanien herübergesegelt und kam in Begleitung von zweitausend Hofleuten und Dienern in Dover an. Als ich Karl nach langem Warten endlich zu sehen bekam, war ich angenehm überrascht. Er war auf eine besondere Art gekleidet, ganz anders als mein Vater in seinen karmesinroten, pelzbesetzten Samtgewändern. Karl trug schwarzen Samt ohne jegliche Verzierungen und hatte nur eine Goldkette um den Hals. Seine Augen blickten freundlich und wach. Und er lobte mich, als ich ihm auf meinem Spinett eine Melodie vorspielte. Ich mochte ihn, obwohl er sechzehn Jahre älter war als ich.

König Heinrich besaß zahlreiche Paläste und Herrenhäuser und einen der schönsten, Bridewell, hatte er für den kaiserlichen Gast vorbereiten lassen. Während seines mehrmonatigen Aufenthalts brachte Karl mir das Schachspiel bei.

Doch irgendwann ging sein Besuch zu Ende. An dem Tag, an dem Karl fortsegelte, küsste er mir die Hand und versprach mir zurückzukommen und mich zur Frau zu nehmen, sobald ich das heiratsfähige Alter von zwölf Jahren erreicht haben würde.

Doch eines Tages, über ein Jahr nach Karls Abfahrt, kam

ein Page in der grün-weißen Satinlivree des Königs mit einer Nachricht in meine Gemächer. Ich brach das Wachssiegel und las, dass der König mich auf der Stelle zu sehen wünschte. Unterschrieben hatte er die Nachricht wie immer mit *Henricus Rex* – König Heinrich.

Natürlich raffte ich sofort meine Röcke zusammen und eilte erfreut in die königlichen Gemächer – die lange Galerie entlang, die Treppe hinauf, durch den Wächterraum, wo die Leibgardisten sich lächelnd vor mir verbeugten, durch den lauten, überfüllten Audienzsaal, in dem immer viele Menschen darauf warteten, in geschäftlichen Angelegenheiten zum König vorgelassen zu werden, durch den ersten Empfangssaal, wo sich wichtige Männer berieten, durch den zweiten Empfangssaal, wo sich die engsten Berater des Königs über die Bärte strichen und wissend nickten, als ich vorbeieilte, und schließlich in das Privatgemach, wo der König an einem großen Eichentisch saß, Kardinal Wolsey an seiner Seite. Atemlos fiel ich vor meinem Vater auf die Knie und neigte meinen Kopf, um seinen Segen zu erhalten.

Ich sah meinen Vater nur selten, da er normalerweise viel unterwegs war, um seinen königlichen Verpflichtungen nachzukommen, während ich die Tage mit meinen Erziehern und Privatlehrern zubrachte. Doch wenn ich ihn sah, ging es meist fröhlich zu. Diesmal jedoch wirkte mein Vater sehr ernst.

»Du musst sofort an Karl schreiben«, sagte der König.

Rasch wurden Federkiel, Tintenfass und Pergamentpapier geholt und ich kletterte auf einen Stuhl. Kardinal Wolsey spitzte den Federkiel für mich. Schweigend wartete ich auf weitere Anweisungen meines Vaters.

»Du wirst den Brief natürlich auf Latein schreiben . . .«
Das war kein Problem für mich; obwohl ich erst acht Jahre alt war, konnte ich sowohl in Latein als auch in Englisch gut schreiben. ». . . und dem Kaiser deine Hochachtung und Wertschätzung aussprechen«, befahl der König.
»Aber lass durchblicken, dass du eifersüchtig bist, weil er . . . nun ja, seine Zuneigung einer anderen schenkt. Dann versichere ihn deiner Ergebenheit. Bist du dazu in der Lage, Maria?«

»Ja, mein Lord«, antwortete ich, ohne die leiseste Ahnung, wovon er sprach: *Eifersüchtig? Zuneigung zu einer anderen?* Doch ich wagte nicht zu fragen. Ich tunkte die Feder in das Tintenfass und schrieb eifrig mit, was mein Vater mir diktierte, während er ruhelos durch den Raum schritt.

Der König zog einen Ring von seinem Finger, um ihn zusammen mit dem Schreiben an den spanischen Kaiser zu schicken. Dieser Ring war mit einem großen Stein besetzt, der in tiefem Grün schimmerte.

»Der Smaragd spiegelt die Treue von Liebenden wider«, erklärte der König, obwohl der Sinn dieser Worte mir fremd war. »Er wird seine Farbe von Dunkelgrün zu Hellgrün ändern, wenn einer der beiden Liebenden Unbeständigkeit zeigt.«

Unbeständigkeit?

Dann wandte er sich an Wolsey und schien meine Anwesenheit ganz vergessen zu haben. Langsam ging ich rückwärts aus dem königlichen Saal (»Ihr dürft dem König nie den Rücken zudrehen«, hatte Salisbury mir eingeschärft. »Ihr habt stets zu knien und das so lange, bis er Euch die Erlaubnis gibt, aufzustehen.«) und eilte zu Salisbury, um eine Erklärung zu bekommen.

Meine Erzieherin griff nach einem silbernen Kamm und begann meine zerzausten Locken zu kämmen. »Dem König ist das Gerücht zu Ohren gekommen«, sagte sie ruhig, »dass Karl sich mit der Absicht trägt, eine andere zu heiraten.«

»Aber er ist doch mit mir verlobt!«, rief ich gekränkt aus und entzog mich mit einem Ruck ihrem Kamm.

»Euer Vater muss sich Karls Loyalität sicher sein«, sagte sie.

Wochen später, als ich mit meiner Mutter und einigen ihrer Hofdamen beim Sticken zusammensaß, platzte mein Vater unangekündigt in ihre Gemächer. Sein Gesicht war dunkelrot vor Wut, aus seinen Augen schossen Blitze. Die Hofdamen liefen davon wie aufgescheuchte Möwen und ich fiel auf die Knie und hoffte, er würde mich nicht bemerken. Meine Mutter jedoch blieb ruhig und gelassen, legte ihren Stickrahmen zur Seite und erhob sich, um ihn zu begrüßen.

»Dieser *verdammte* Spanier!«, brüllte er. »Der Smaragd hat sich hellgrün verfärbt! Karl hat sein Versprechen uns gegenüber gebrochen und eine portugiesische Prinzessin geheiratet!« Dann machte er auf dem Absatz kehrt und stürmte türenschlagend wieder hinaus.

»Wird Vater jetzt einen anderen Mann für mich finden?«, fragte ich, sobald ich es wagte, den Mund aufzumachen.

»Natürlich wird er das tun, Maria«, versicherte mir meine Mutter. »Keine Bange.«

Ich nahm meine Stickarbeit wieder auf. Ich war enttäuscht, denn Karl hatte mir wirklich gefallen, und ich war noch zu jung, um mich darüber zu freuen, dass ich im Moment so frei war wie nie mehr wieder.

Nachdem die Verlobung mit Karl gelöst worden war, war eine Zeit lang keine Rede mehr von einem zukünftigen Ehemann. Stattdessen erhielt ich vom König eine Nachricht ganz anderer Art: Ich würde zur Prinzessin von Wales gekrönt werden. Damals war ich neun Jahre alt.

KAPITEL III

DIE FARBEN DER TUDORS

Wegen der Vorbereitungen zu meiner Krönungszeremonie war alles in nervöser Aufruhr. Ich sollte ein neues Gewand bekommen, aus hellblauer Seide, mit winzigen Blümchen bestickt und mit Goldborten eingefasst. Selbst Königin Katharina, die sich nie sonderlich um Äußerlichkeiten scherte, ließ sich zu diesem Anlass ein neues Gewand schneidern. Ich hatte meine Mutter seit langem nicht mehr so glücklich gesehen.

»Das bedeutet, dass dein Vater beschlossen hat, dass du eines Tages Königin wirst«, erklärte mir meine Mutter mit ihrem deutlich hörbaren spanischen Akzent und küsste mich auf die Stirn. »Folglich ist der Bastard Fitzroy kein Anwärter für den Thron, dem Himmel sei Dank.«

Ich hatte gelegentlich etwas über diesen »Bastard Fitzroy« gehört: dass er der uneheliche Sohn des Königs war und Heinrich Fitzroy hieß – *Fitzroy* bedeutet »Sohn des Königs«. Mein Vater war zwar auch sein Vater, aber seine Mutter war nicht meine Mutter, die Königin, sondern eine Frau namens Bessie Blount. Ich fand es interessant, einen kleinen Bruder zu haben, der irgendwo versteckt gehalten wurde. Doch ich hatte schnell begriffen, dass ich mit niemandem über ihn reden durfte, am allerwenigsten mit meiner Mutter. Eines Tages würde ich Salisbury nach diesem Bastardhalbbruder fragen. Doch im Moment genoss ich es, im Zentrum der allgemeinen Aufmerksamkeit zu stehen.

Am Tag der großen Zeremonie trat König Heinrich mit einem Fanfarenstoß ein, in Begleitung einer Schar von Grafen und Baronen mit ihren Rittern und Gefolgsleuten. Kardinal Wolsey war natürlich auch da, von Kopf bis Fuß in Scharlachrot gekleidet. Er zeigte seine abstoßenden Zähne bei einer Grimasse, die wohl ein Lächeln darstellen sollte, sich jedoch nicht auf seine funkelnden Augen erstreckte.

Ich erschauerte und wandte den Blick auf meinen Vater. Wie prächtig er aussah! Er trug eine eng anliegende Strumpfhose, in der seine muskulösen Waden gut zur Geltung kamen. Darüber trug er eine rote Pluderhose aus Samt, die mit Baumwolle ausgestopft war, damit sie eine Zwiebelform bekam und in deren Schlitzen es silbern zwischen dem Samt aufblitzte. Sein Wams aus wattiertem schwarzem Samt war rundum mit Perlen und anderen Juwelen bestickt. In meinen Augen war König Heinrich der schönste Mann der Welt.

»Seid Ihr bereit, meine Prinzessin?«, fragte der König.

»Ich bin es, Euer Majestät«, antwortete ich mit einem tiefen Hofknicks.

Die düstere alte Kapelle verschluckte das Licht der zahllosen flackernden Kerzen und die Zeremonie zog sich für mein Empfinden endlos lange hin. Mein wunderschönes Kleid war warm und äußerst unbequem, doch ich legte ein untadeliges Benehmen an den Tag, genau wie Salisbury es mir beigebracht hatte. Als ich vor meinem Vater kniete und er mir ein juwelenbesetztes Diadem auf den

Kopf setzte und mir meinen neuen Titel, Prinzessin von Wales, verlieh, blickte ich andächtig zu ihm hinauf und sonnte mich in seinem Wohlgefallen. »Meine vollkommenste Perle der Welt«, nannte er mich. »Das Juwel ganz Englands.«

Erst etliche Tage nach dem königlichen Festakt zu meinen Ehren wurde ich darüber in Kenntnis gesetzt, dass mein Vater beschlossen hatte, mich weit wegzuschicken. Und ich erfuhr es nicht einmal von ihm selbst. Es war Wolsey, der mir die Kunde überbrachte.

Der Kardinal saß auf einem Stuhl in meinem Unterrichtsraum, seine dicken Finger ausgespreizt auf seinen dicken Schenkeln liegend, und wohnte meinem Musikunterricht bei. Anlässlich meiner Ernennung zur Prinzessin hatte er mir ein Geschenk mitgebracht, ein mit wunderschönen Malereien verziertes Gebetbuch. Doch dann fügte er noch hinzu, fast als wäre ihm der Gedanke gerade erst gekommen: »Prinzessin Maria, der König hat angeordnet, dass Ihr in den Ludlow-Palast zieht, in der Nähe der walisischen Grenze, wo Ihr Euren eigenen Haushalt haben werdet. Die Königin wird Euch nicht begleiten. Lady Margaret, Gräfin von Salisbury, wird an ihrer Stelle mit Euch kommen. Die Abreise soll in zwei Wochen stattfinden, Madam.«

Ich spürte, dass meine Lippen zu beben begannen. Doch ich war entschlossen, dem Kardinal nicht zu zeigen, in welche Aufregung mich seine Nachricht versetzt hatte, und starrte nur angestrengt auf seinen schweren Goldring. »Meine Mutter wird nicht mit mir kommen? Aber warum? *Warum?*«

»Es ist der Wunsch des Königs«, erklärte der Kardinal

mit polternder Stimme, ehe er sein breites Hinterteil vom Stuhl hievte. Er streckte mir seinen Ring entgegen. Ich überwand meine Abscheu und beugte den Kopf, um ihn zu küssen.

Es war nicht so, dass ich noch nie von meiner Mutter getrennt gewesen wäre. Im Gegenteil, wir waren oft getrennt, sie in einem Palast bei meinem Vater, ich in einem anderen mit meinen Zofen und Lehrern. Doch sie war niemals mehr als ein paar Stunden entfernt gewesen und wir hatten uns häufig gesehen. Ludlow jedoch lag mindestens eine Zehn-Tages-Reise entfernt, selbst bei gutem Wetter. Ich würde sie also nur noch selten sehen.

Später, nachdem der Kardinal gegangen war, kauerte ich zu Füßen meiner Mutter und vergoss bittere Tränen. Doch ich bekam nur wenig Trost.

»Du weinst vergebens«, warnte mich die Königin. »Es ist der Wunsch deines Vaters, des Königs« – wieder diese schrecklichen Worte! – »und so soll es sein. Aber denk immer daran, dass du nun einen Schritt näher am Thron bist. Das ist nur der Beginn deiner Ausbildung zur Königin. Salisbury ist meine engste Vertraute und sie wird dir an meiner Statt eine Mutter sein. Sie wird freundlich zu dir sein, wenn du der Freundlichkeit bedarfst, und streng, wenn Strenge angesagt ist. Und wir beide können uns ja schreiben, sooft wir wollen, und uns unsere Grüße schicken, und wenn dein Vater, der König, uns an seinen Hof ruft, werden wir uns wiedersehen.«

Mein Haushalt würde dreihundert Bedienstete umfassen, darunter einen Staatsrat, der in meinem Namen Regierungsentscheidungen treffen würde, und ein großes Heer von Bediensteten, die sich um alles und alle kümmern würden. Die folgenden Tage vergingen damit, die Habseligkeiten all dieser Menschen in Holzkisten zu packen, die von flämischen Zugpferden transportiert werden sollten.

Ich hatte mich längst ans Umziehen gewöhnt. Wenn mein Vater Hof hielt, wohnten wir oft in dem einen oder anderen der großen Paläste in der Nähe von London. Jedes Frühjahr machte mein Vater eine Staatsreise durch die Grafschaften, von Dorf zu Dorf, damit seine Untertanen ihn sehen konnten. Im Herbst war er häufig auf der Jagd. Meine Mutter und ich begleiteten ihn oft auf seinen Staatsreisen und den Jagdzügen und wohnten dabei Tage und manchmal auch Wochen in einem der königlichen Jagdsitze oder im Landhaus eines Adligen und dessen Familie. Das geschäftige Treiben und die Aufregung solcher Reisen hatte mir immer gut gefallen. Doch die Reise, die nun vor mir lag, war etwas anderes. Mein Herz war so schwer, dass ich tagelang schlecht schlief und kaum etwas essen konnte.

Am Abend vor meiner Abreise ließ mein Vater mich zu sich kommen und gab mir seinen Segen. Ich war wütend, weil er mich einfach wegschickte, aber das durfte ich natürlich nicht zeigen. *Warum? Warum?,* hätte ich am liebsten gefragt, doch ich musste schweigen. Meine Mutter war auch anwesend und ich hätte mich zu gern in ihre Arme geworfen, doch ich spürte, dass mein Vater einen solchen Gefühlsausbruch nicht gut geheißen hätte. Ich musste mich wie eine zukünftige Königin benehmen! Der Kuss meiner Mutter an diesem Abend kam mir kühl und trocken vor, gar nicht wie ein richtiger Kuss.

An einem Morgen im Spätsommer saß ich traurig neben Salisbury in meiner königlichen Sänfte und wartete darauf, dass das Signal zum Aufbruch gegeben wurde. Unser Zug würde mehrere Meilen lang sein, eskortiert von königlichen Gefolgsmännern, die uns vor Räubern und Wegelagerern schützten, die es auf achtlose Reisende abgesehen hatten. Als die Trompeten erschallten, blickte ich auf, um einen letzten Blick meiner Mutter zu erhaschen. Sie stand am offenen Fenster eines ihrer Gemächer und trug ein schlichtes Gewand. Sie winkte mir zum Abschied zu und ich sah ihr Taschentuch im Wind flattern, während wir mit viel Lärm und Gepolter zum Schlosstor hinausfuhren.

»Wann kehren wir zurück?«, fragte ich Salisbury ängstlich, während wir uns ruckartig vorwärts bewegten.

»An Weihnachten«, antwortete sie ruhig.

Bis Weihnachten waren es noch vier Monate – eine unerträglich lange Zeit!

Als unser Zug den Weg nach Ludlow zurücklegte, kamen die Bewohner der Dörfer, an denen wir vorbeizogen, aus ihren Häusern und Hütten, um uns zuzuwinken und ihre Mützen und Kappen zu schwenken.

»Grüßt Euer Volk, Madam«, ermahnte mich Salisbury.

»Es freut sich, Euch zu sehen.«

»Mir ist nicht danach«, wehrte ich traurig ab.

»Ob Euch danach ist oder nicht – Ihr seid eine Prinzessin«, rief Salisbury mir in Erinnerung. »Winkt und lächelt!«

Gehorsam tat ich, wie mir geheißen. Ich zog meine Mundwinkel nach oben und hob grüßend meine königliche Hand, um meinen Untertanen zuzuwinken.

Meine Mutter fehlte mir sehr. Meine größte Freude war es, wenn ein Brief von Königin Katharina ankam; ich rannte dann immer gleich in meine Gemächer, um ein Antwortschreiben aufzusetzen. Doch meine Bemühungen, fröhliche Briefe zu schreiben, scheiterten stets daran, dass meine Sehnsucht nach ihr zu groß war und dass es immer etwas gab, worüber ich mich zu beschweren hatte. Die Königin schrieb auch regelmäßig an Salisbury und gab ihr Anweisungen für meine Erziehung, wobei sie besonderen Nachdruck auf Disziplin, Gesundheit und einfache Ernährung legte. Ich fürchte, ich vergeudete zu viel Papier dafür, mich über verkochtes Fleisch, trockenes Brot und fade Mehlspeisen zu beschweren, die nur eine Folge ihrer Anweisungen waren. Später sollte ich es noch schwer bereuen, dass ich so viel Zeit und Papier für derart unwichtige Dinge verschwendet hatte.

Ich beschwerte mich auch über meinen Hauslehrer. König Heinrich, ein Mann von scharfem Verstand und breitem Wissen, hatte angeordnet, dass meine Studien sehr ernsthaft und streng betrieben werden sollten. Er hatte einen berühmten spanischen Gelehrten kommen lassen, Juan Luis Vives, der mich darin anleitete.

Meister Vives war dünnlippig und übellaunig. Aus seinen Ohren ragten dunkle Haarbüschel. Man sah ihn nie ohne seinen Gehstock, der einen silbernen Knauf in Form eines Fuchskopfes hatte. Manchmal ertappte ich mich bei dem Gedanken, dass dieser ihm sehr ähnlich sah.

»Wie ich sehe, wurdet Ihr bisher sehr verzogen«, schnurrte der Lehrer wie eine Katze, die bereits zum Sprung auf die Maus ansetzt. Dann verwandelte er sich in einen brüllenden Löwen: »Ich bin der festen Überzeugung, dass Kinder den Rohrstock wenigstens einmal pro Tag auf ihrem Rücken spüren müssen, damit aus ihnen etwas wird.«

Erschrocken beugte ich mich über mein Lehrbuch. Meister Vives schritt auf und ab, klatschte sich mit seinem Stock in seine Handfläche, schlug mit seiner Spitze auf mein Buch und ließ ihn durch die Luft sausen, bis es surrte. Jedes Mal, wenn ich einen Fehler machte, hatte ich das Gefühl, er würde mich gleich schlagen. Und am Ende jedes langen Schultags mit Vives rannte ich zu Salisbury, um mein Gesicht in ihrem Schoß zu vergraben.

»Ihr braucht keine Angst zu haben«, tröstete mich Salisbury. »Eure Mutter, die Königin, hat ihm eindeutig zu verstehen gegeben, dass er nicht Hand an Euch legen darf.«

»Aber warum trägt er dann ständig diesen schrecklichen Stock mit sich herum? Doch sicher nur, um mich damit zu schlagen.«

»Nein, das wird er nicht wagen.«

Aber was, wenn er die Anweisungen meiner Mutter einmal vergaß? Salisburys tröstende Worte konnten mich nie lange beruhigen.

Ich verabscheute meinen Hauslehrer fast so sehr, wie ich meine Erzieherin liebte. Salisbury hatte nichts mit meinen Studien zu tun, sie war dafür zuständig, mir gute Manieren und die Hofetikette beizubringen. Wenn ich nicht mit Vives oder meinen Hauslehrern in Religion und Theologie oder meinen Musiklehrern zusammen war, dann war ich stets bei Salisbury und lernte alle Regeln, die das richtige Sitzen, Stehen, Knien, Essen, Trinken, Ankleiden, Sprechen und das richtige Auftreten in der Öffentlichkeit betrafen. Die Dinge, die sie mir beibrachte, waren unerträglich langweilig, doch Salisbury war stets geduldig und freundlich zu mir.

Und dann gab es noch längere Vorträge über Dinge, die ich – wie Salisbury sagte – als zukünftige Königin beherrschen musste: Wie man sich anmutig und charmant gibt, auch wenn man sich krank fühlt oder müde oder traurig ist, wie man Mitleid und Verständnis zeigt, auch denen gegenüber, von denen man glaubt, dass sie es gar nicht verdienen. Sie brachte mir auch bei, dass ich meine Wut im Zaume halten musste, wenn nötig verbergen, und nur zum Ausdruck bringen durfte, wenn ich es wirklich wollte, und selbst dann nur spärlich. Für mich war das die schwierigste Lektion von allen!

Doch schließlich rückte Weihnachten näher, und genau wie Salisbury mir versprochen hatte, erhielten wir eine Einladung an den Hof. Ich liebte das höfische Leben – die hübschen Gewänder, die Juwelen und besonders die Bankette. Die lange, beschwerliche Reise – auf dem Rücken der Pferde oder in der Kutsche von Ludlow zum Richmond-Palast an der Themse und von dort aus mit dem königlichen Boot flussabwärts an London vorbei bis zum Greenwich-Palast – kam mir diesmal weniger lang und weniger beschwerlich vor. Endlich würde ich meine Mutter wiedersehen und vielleicht hätte ich auch eine Privataudienz bei meinem Vater. Jeden Abend würde es Musik und Tanz geben, Jongleure und Hofnarren würden zu unserer Unterhaltung auftreten. Mein Vater würde mich voller Stolz vorzeigen, mich, die Prinzessin von Wales, das Juwel Englands, und ich würde im Mittelpunkt stehen.

Doch als nach der zwölften Nacht die Weihnachtszeit zu

Ende war, musste ich wieder nach Ludlow zurückkehren. Obwohl sich mir das Herz zusammenzog, als die Zeit gekommen war, um meiner Mutter Lebewohl zu sagen, weinte ich nicht. »Bis Ostern dann«, sagte ich zu ihr, in der festen Hoffnung, dass ich dann wieder an den Hof gerufen werden würde.

»Vielleicht«, antwortete sie. »Wir wollen es zumindest hoffen.«

Erst später sollte ich mich wieder an diese Worte erinnern. Warum hatte sie nicht gesagt: *Ja, bis Ostern*? Sie musste gespürt oder gewusst haben, dass unser beider Leben sich verändern würde.

Ich zählte die Wochen bis Ostern, doch die erwartete Einladung meines Vaters blieb aus. Das dritte große Hoffest des Jahres war das Pfingstfest Ende Mai und wieder wartete ich, fast krank vor Ungeduld. Es war mir nicht gestattet, an meinen Vater zu schreiben und ihn um eine Einladung zu bitten, doch ich bestürmte meine Mutter mit Briefen, in denen ich sie anflehte, mich kommen zu lassen. Ihre Antwortschreiben waren herzlich und liebevoll wie immer, doch sie ging nie auf meine Fragen ein: *Warum wurde ich nicht an den Hof geladen? Wann werde ich dich wiedersehen?*

Statt einer Einladung an den Hof erhielt ich schließlich die Aufforderung des Königs, anlässlich einer weiteren Zeremonie nach Bridewell zu kommen. Dieses Mal war es nicht die Prinzessin von Wales, auf die alle Augen gerichtet sein würden, sondern mein Halbbruder, Heinrich Fitzroy. König Heinrich hatte beschlossen, diesem Fitzroy, seinem unehelichen Sohn, eine Reihe adliger Titel zu verleihen: Herzog von Somerset, Lord Hochadmiral von

England, Lord Statthalter von Irland, Lord Aufseher der Grenzmarken, Herzog von Richmond.

Ich hätte nicht gut daran getan, Widerspruch einzulegen. Und ich freute mich unbändig auf die erneute Gelegenheit, mit meiner Mutter zusammen zu sein. Doch als wir nach einer langen Reise in Bridewell ankamen, musste ich feststellen, dass Königin Katharina nicht in Stimmung war für vertrauliche Plaudereien. Sie schäumte vor Wut.

»Nicht nur dass dieser Fitzroy all diese Titel erhält – nein, er bekommt auch noch einen Hofstaat, der größer ist als deiner, Maria«, schimpfte sie, als wir kurz vor der Zeremonie einen Moment lang unter uns waren. Sie wandte sich an Salisbury. »Man stelle sich vor: Ein sechsjähriger Bastard wird vom Rang her über eine rechtmäßige Prinzessin gestellt!«, schimpfte sie. Dann flüsterte sie mir aufgeregt zu: »Ganz offensichtlich beabsichtigt der König nicht mehr, den Thron an dich weiterzugeben. Er will diesen Bastard an den Platz stellen, der rechtmäßig *dir* zusteht. Das wird das Volk niemals dulden und ich ebenfalls nicht!«

Während der langen, ermüdenden Zeremonie hatte ich ausgiebig Gelegenheit, meinen Rivalen zu betrachten, einen hübschen Jungen mit goldenen Locken, eingehüllt in einen Hermelinpelz und mit vielen Juwelen behängt. Er sah ziemlich mitgenommen aus und tat mir sogar etwas Leid. Aber nur ein wenig! Die letzten Trompetenstöße waren kaum verklungen, als meine Mutter ihre Röcke raffte und davoneilte, um ihren Protest gegenüber dem Tun des Königs zum Ausdruck zu bringen. Ich wartete ängstlich vor ihren Privatgemächern. Mein Vater stürmte heraus, rannte an mir vorbei, ohne mich zu beachten, mit blutrotem Gesicht und vor Wut funkelnden Augen, so klein wie Stecknadelköpfe. Sobald er gegangen war, näherte ich mich auf Zehenspitzen meiner Mutter.

»Es nützt nichts«, sagte die Königin, müde auf ihrem Stuhl zusammengesunken. »Er hört nicht auf mich. Und um mich zu bestrafen, ließ er mich soeben wissen, dass er mir die drei Hofdamen, an denen ich am meisten hänge, wegnimmt und nach Spanien zurückschickt. Dann werde ich sehr allein sein!«

Das war das erste Mal, dass ich erlebte, dass mein Vater etwas tat, das meine Mutter verletzte, und es erschreckte mich zutiefst.

Zum damaligen Zeitpunkt wusste ich es natürlich noch nicht, dass Anne Boleyns Gift bereits zu wirken begonnen hatte. Ich wusste auch noch nicht, dass ich weder meinen Vater noch meine Mutter nahezu ein Jahr lang nicht mehr sehen würde. Seit damals, dem Tag meiner Verlobung mit König Franz, nagte Annes Gift an der Seele meines Vaters.

KAPITEL IV

FALKENJAGD

Seit damals, nach meiner Verlobung mit König Franz, war ich zum ersten Mal erleichtert, meinen Vater zu verlassen und nach Ludlow zurückzukehren. Doch dann gab es plötzlich einen weiteren Umzug. Mein Vater hatte sich nicht die Mühe gemacht, mich schriftlich davon in Kenntnis zu setzen; es war Wolsey, der mir schrieb, dass ich in den Richmond-Palast umzuziehen hätte. Ich begriff zwar nicht, weshalb, freute mich jedoch darauf.

Richmond war ein schöner Palast mit einem Wachturm und vierzehn schlanken Türmchen, dutzenden von Prunkzimmern und zwei Kapellen. Er war von viel Land und Wald umgeben und hatte sogar Wildparks. Doch das Beste daran war, dass er nicht weit von London entfernt lag, nur eine mehrstündige Fahrt mit der Barke flussaufwärts und schon war man in Greenwich.

Ich lebte mich rasch in Richmond ein. Eines Abends im Frühsommer, kurz nach meiner Ankunft, machte ich mich mit meiner liebsten Begleiterin, Lady Susan, auf den Weg, um die Umgebung zu erkunden. Unter all meinen Zofen und Hofdamen verspürte ich allein mit Susan die Bande wahrer Freundschaft. Susan, mit ihrem flammend roten Haar, war klug und abenteuerlustig. Sie war die Tochter des Herzogs von Norfolk, einem der engsten Berater meines Vaters. Doch da war noch etwas: Susan war die Kusine von Anne Boleyn. In den vergangenen zwei Monaten, seit dem Maskenball, hatte ich oft daran denken müssen, wie mein Vater Lady Anne während des Tanzens angesehen hatte. Der Gedanke daran ließ große Angst in mir aufsteigen. Und obwohl ich mich zu Susan hingezogen fühlte, riet mir meine innere Stimme, sie nicht über ihre auffällige Kusine auszufragen – zumindest nicht zum jetzigen Zeitpunkt.

Auf einem unserer Spaziergänge stießen Susan und ich auf einen groß gewachsenen, dünnen Burschen, der etwas Kleines, Lebendiges mit beiden Händen umfasste. Ich befahl ihm, mir zu zeigen, was er da festhielt. Vorsichtig öffnete er die Hände und ich sah ein frisch geschlüpftes, vor Angst fiepsendes Falkenjunges.

»Wer bist du?«, fragte ich den Burschen.

»Peter Cheseman«, antwortete er. »Mein Vater ist der Gehilfe des königlichen Falkners«, fügte er dann mit einem Anflug von Stolz in der Stimme hinzu.

»Und dieser Vogel, den du in der Hand hast«, fragte ich, »hat er auch einen Namen?«

»Nein, Madam. Er taugt nichts«, erklärte er. »Schaut, er ist verwundet. Mein Vater meint, es sei vergebliche Mühe, ihn abrichten zu wollen. Aber ich werde ihm beweisen, dass er Unrecht hat.«

»Sehr gut«, sagte ich anerkennend, obwohl ich mir nicht vorstellen konnte, dass ein niedrig geborener Junge wie Peter bessere Chancen haben konnte als ich, eine Prinzessin, dem Vater zu beweisen, dass er Unrecht gehabt hatte.

Lady Susan fand großen Gefallen an dem verletzten Vögelchen und in der Folgezeit fanden sie und ich des Öfteren eine Ausrede, um nach ihm zu sehen, sobald es mir möglich war, Meister Vives und meinen Studien zu entkommen. Eines Tages war Peter bei unserem Eintreffen in großer Verzweiflung.

»Die Katze hat ihn gefressen«, stammelte er. »Und ich bin schuld.«

»Es ist nicht deine Schuld, Peter!«, versuchte Susan ihn zu trösten. »Ich bin mir sicher, dass du alles getan hast, was in deiner Macht stand. Wäre die Katze nicht gewesen, wäre aus dem kleinen Vögelchen bestimmt ein ausgezeichneter Jäger geworden!«

Dankbar blickte Peter Susan an und ich wünschte, ich wäre es gewesen, die ihm diesen Trost ausgesprochen hatte.

Gegen Ende des Sommers hatten die Falken ihre Mauser hinter sich, neue Federn hatten die alten ersetzt und sie wurden wieder zu aktiven Jägern. Fast jeden Tag ging ich nach meinem Unterricht mit Lady Susan zu den Käfigen, in denen sie gehalten wurden. Mit großem Interesse schauten wir zu, wie Peter und sein Vater die Wander-, Turm- und Merlinfalken für die Jagd auf andere Vögel und Kleinwild abrichteten.

Eines Nachmittags fanden wir Peter auf dem Abrichtplatz, wo er einen jungen Falken dazu bringen wollte, von der Sitzstange auf seine Faust zu fliegen. Es dauerte eine geraume Weile, bis der Vogel schließlich begriffen hatte, die Flügel ausbreitete, in Peters behandschuhte Faust glitt und sie mit seinen gekrümmten Krallen umfasste. Dafür wurde er von Peter mit einem Fleischbrocken belohnt.

»Es dauert nicht mehr lange, bis er im Freien ausfliegen

darf«, sagte Peter mit einem zufriedenen Lächeln – was für ein schönes Lächeln, dachte ich. »Und dann ist er bereit zum Jagen«, fügte er hinzu.

Peter erklärte uns, welche Lektionen ein Vogel lernen muss: Als Erstes muss er lernen neben der gefangenen Beute zu sitzen, sie aber nicht zu verschlingen; sobald er das beherrscht, muss er mit der Beute zur Faust des Falkners fliegen. »Das Jagen muss man keinem Vogel beibringen, das liegt ihnen im Blut«, sagte Peter, während er zärtlich über die Federn des Falken strich. »Ihm beizubringen, dass er einem vertraut, ist der schwierigste Teil. Es würde nichts nützen, wenn man ihn auf die Jagd schickt und er sich dann mit seiner Beute irgendwo in einen Baum setzt.«

Nach diesem Gespräch eilte ich sofort zu Salisbury. »Ich will die Falkenbeize erlernen«, teilte ich ihr mit. Ich argumentierte damit, dass mein Vater mit Falken jagte und dass auch meine Mutter mit Vater auszureiten pflegte und dabei einen Zwergfalken auf ihrer behandschuhten Faust sitzen hatte. Salisbury schrieb an Königin Katharina, die ihre Einwilligung gab und gleichzeitig kleine Silberglöckchen als Geschenk übersandte, die am Fuß des Vogels befestigt werden sollten. Außerdem schenkte sie mir ein kleines, weiches Lederhäubchen, das man dem Vogel auf dem Weg zur Jagd über den Kopf zog. Voller Stolz eilte ich mit meinen Geschenken zu den Stallungen, um sie Peter zu zeigen.

»Gut«, sagte er. »Jetzt müssen wir nur noch einen Falken für Euch aussuchen, dann könnt Ihr gemeinsam lernen.«

Peter fing einen jungen Falken, einen Merlinfalken mit

Augen gelb wie eine Ringelblume, und wir begannen ihn abzurichten. Dieser Vogel sollte allein mir gehören. »Weibchen sind besser«, erklärte mir Peter, »weil sie größer und stärker sind als die Männchen.« Ich nannte mein Merlinfalkenweibchen Noisette, das französische Wort für Haselnuss, weil es dieselbe schöne Farbe hatte.

»Ihr müsst ihn an das Leben inmitten von vielen Menschen gewöhnen, die umhergehen, Lärm machen oder ausreiten«, sagte Peter. »Das muss für Vögel schon komisch sein, hm? Und Ihr dürft nie vergessen, dass er eine Belohnung erwartet. Ohne Belohnung wird er Euch nicht gehorchen. Ihr könnt ihn nicht zwingen, für Euch zu jagen – sonst fliegt er davon und kommt nie mehr zurück. Aber zu groß darf die Belohnung auch nicht ausfallen. Wenn der Vogel satt ist und keinen Appetit hat, hat er keine Lust, zu jagen. Man muss das rechte Mittelmaß finden – er darf nicht hungrig sein, aber muss schon damit anfangen, an sein nächstes Mahl zu denken – dann kann man ihn ausschicken. Wenn er richtig abgerichtet ist, wird er zurückkehren, sobald Ihr pfeift.«

Es dauerte Tage, bis ich den speziellen Pfiff beherrschte, der Noisette auf meinen Handschuh zurückführte. Einmal beging ich den Fehler, die drei kurzen Töne während der Lateinstunde zu üben, woraufhin Meister Vives seinen Stock so donnernd auf mein Pult niedersausen ließ, dass der silberne Fuchskopfknauf anschließend leicht verbogen war.

Schließlich waren wir so weit, Noisette und ich. Ich stieg auf mein weißes spanisches Pony und blinzelte zum strahlend blauen Himmel hinauf. An der linken Hand trug ich meinen Lederhandschuh, der dick genug war, um mich vor den scharfen Krallen des Falken zu schützen. Hoch über mir drehte Noisette träge ihre Kreise, fast als wäre sie durch eine Schnur mit mir verbunden. Ich genoss den Anblick der anmutigen Bewegungen ihrer Flügel, die sich wie ein dunkler Fleck am wolkenlosen blauen Himmel abzeichneten.

Mehrere meiner Hofdamen ritten mit mir aus. Doch sie waren plaudernd und scherzend zurückgeblieben, während Susan und ich die Vorhut unseres kleinen Grüppchens bildeten. Neben uns ritt der wichtigtuerische Lord Ellington, der königliche Falkner. Ich saß entspannt im Sattel und blickte zu Peter. Als er meinen Blick bemerkte, grinste er mir zu.

Ich hatte Peter im Lauf des wochenlangen Falkentrainings immer mehr ins Herz geschlossen. Er hatte große Ohren und seine Augen standen zu eng beieinander. Doch im Gegensatz zu meinen Augen, die schon in einiger Entfernung so gut wie nichts mehr erkennen konnten, schienen Peters Augen so scharf zu sein wie die der Vögel, mit denen er arbeitete. Ich bewunderte ihn dafür, wie ausgezeichnet er mit den Vögeln umzugehen wusste. Er war geduldig und bestimmt – zwei Eigenschaften, die Meister Vives leider völlig abgingen.

Ich fühlte mich in Peters Gesellschaft so wohl, dass ich mich bisweilen fragte, ob es vielleicht nicht möglich wäre, *ihn* zu heiraten. Er hätte sicher einen guten Lebensgefährten abgegeben und hätte mich wohl auch England selbstständig regieren lassen, genau wie er mir auch sonst meinen Kopf durchgehen ließ. Aber natürlich war mir klar, dass das nicht möglich war. Ich konnte mir nicht selbst einen Ehemann aussuchen – genauso wenig wie ich jemals wie Noisette fliegen könnte.

Noisette drehte weiter ihre langsamen Kreise über mir. Ich blickte zu ihr hinauf und plötzlich durchzuckte mich ein aufregender Gedanke: Einen Augenblick lang stellte ich mir vor, ich wäre dieser Falke, der frei und einsam am Himmel dahinfliegen konnte! Ganz allein! Ich selbst war nie allein. Salisbury schlief neben meinem Bett und zwei Dienstmägde schliefen an der Tür zu meinem Schlafgemach. Von dem Moment an, wenn ich am Morgen aufstand, bis zu dem, wenn ich nach meinem Nachtgebet »Amen« sagte, war ich in jeder Sekunde von Dienern, Hofleuten, Beratern, Priestern, Lehrern und Zofen umgeben.

Plötzlich erspähte Noisette eine Beute. Sie legte ihre Flügel an, ging in den Sturzflug und stürzte sich dann mitten im Flug auf eine Lerche. Ich beneidete Noisette nicht nur um ihre Freiheit und ihre Einsamkeit, sondern auch um die tödliche Macht, die sie besaß. Ich pfiff und schon kam mein Falke mit der Lerche zwischen den Krallen auf meine Faust geflogen. Der Falkner griff nach der Lerche und legte sie in die Jagdtasche. Ich reichte Noisette ihre Belohnung, einen kleinen Fleischbrocken aus den Vorräten des Falkners.

Als wir am Ende dieses Tages nach Hause ritten, war meine Jagdtasche zur Hälfte gefüllt und ich fragte mich, ob mein Vater wohl wusste, dass ich eine seiner Lieblingssportarten erlernt hatte. Wie es schien, dachte ich weitaus häufiger an meinen Vater als er an mich. Meine Mutter schrieb mir fast jede Woche, vom König selbst hatte ich jedoch seit Monaten nichts mehr gehört. Jede Nachricht von ihm wurde mir durch Wolsey übermittelt.

»Warum kommt er mich denn nie besuchen?«, fragte ich Susan Tage später auf einem gemeinsamen Spaziergang. Das Wetter war schlechter geworden und Susan war die einzige meiner Hofdamen, der es nichts ausmachte, im Regen spazieren zu gehen. »Die Jagd ist eine seiner liebsten Beschäftigungen und die Wildparks hier wurden eigens für ihn angelegt. Ich verstehe nicht, warum ich ihn nie zu sehen bekomme!«

»Ich habe gehört, dass der König die Falkenjagd wieder aufgenommen hat«, entgegnete Susan geheimnisvoll und zog sich ihre Kapuze über den Kopf.

»Dann könnte er erst recht zu Besuch kommen und mit mir auf die Jagd gehen! Und er könnte auch meine Mutter mitbringen. Warum kommt er nie mit der Königin hierher, sodass ich sie beide sehen könnte?«

»Seine Jagdgefährtin ist nicht die Königin«, antwortete Susan so leise, dass ich sie kaum verstehen konnte. »Es ist meine Kusine, Anne Boleyn.«

Ihre Worte nahmen mir fast den Atem. »Lady Anne? Warum denn das?«

»Es wird gesagt, der König sei in Anne verliebt«, erwiderte Susan und schlug die Augen nieder, um meinen Blick nicht erwidern zu müssen.

»Was erzählst du da für Lügen!«, rief ich empört.

»Bedauerlicherweise ist es die Wahrheit, Madam. Der König macht kein Geheimnis aus seiner Leidenschaft. Mein Vater hat es mir voller Stolz berichtet. Wann immer König Heinrich sich zeigt, ist Anne an seiner Seite. Königin Katharina begleitet ihn nur noch bei offiziellen Anlässen.«

»Das glaube ich dir nicht!«, rief ich wütend, ließ Lady Susan einfach stehen und stürmte durch den prasselnden Regen in den Palast zurück.

Während eine junge Zofe mir aus meinem nassen Umhang und dem durchweichten Schuhwerk half, erspähte ich ein Schreiben auf dem Tisch. Es trug das dicke Wachssiegel von Kardinal Wolsey. Seine Briefe verhießen nur selten Gutes – würde ich etwa erneut umziehen müssen? – und so wartete ich, bis ich trockene Kleidung anhatte, ehe ich das Siegel brach und das Schreiben las.

Darin stand, dass der König mir befahl, für die Weihnachtsfeierlichkeiten nach Greenwich zu kommen. Endlich durfte ich wieder an den Hof fahren, in seinen Palast, um die Weihnachtszeit mit ihm und meiner Mutter zu verbringen. Schlagartig besserte sich meine Laune. Doch dann fiel ein dunkler Schatten über mein Glück: Anne Boleyn würde sicherlich auch anwesend sein.

Ich erinnerte mich nur zu gut daran, wie mein Vater Anne angeschaut hatte, als wir für den französischen König getanzt hatten. Und nun hatte Lady Susan behauptet, mein Vater wäre in Anne verliebt! Ich schwor mir, diesen schmerzlichen Gerüchten erst dann Glauben zu schenken, wenn ich mich mit eigenen Augen davon überzeugt hätte. Diese Gelegenheit sollte ich an Weihnachten haben, das jedoch noch mehrere Wochen entfernt war.

KAPITEL V

VIEL ZU LERNEN

Den ganzen folgenden Monat über brannten meine Augen, hämmerte mein Kopf und schmerzte mein Körper vor Müdigkeit. Meine Unterrichtsstunden erschienen mir länger, anstrengender und langweiliger denn je. Ich konnte an nichts anderes denken als daran, was mich wohl erwarten würde, wenn ich an Weihnachten in Greenwich ankam.

Ich studierte *Utopia,* ein Buch, das Sir Thomas More, ein Freund meines Vaters geschrieben hatte und das ich sehr anspruchsvoll fand. Es war mir nicht erlaubt, zur Unterhaltung Bücher über ritterliche Abenteuer oder Romanzen zu lesen. Während ich mich durch *Utopia* quälte, spielten meine Hofdamen Karten oder amüsierten sich bei Würfelspielen. Wie gerne hätte ich mich zu ihnen gesellt, aber ein derart oberflächlicher Zeitvertreib war mir natürlich nicht erlaubt.

Die Stunden krochen vorüber. Im Laufe eines Tages wechselten sich meine Lehrer in Mathematik, Geografie, Französisch, Italienisch und Musik ab. An einigen der Fächer nahmen Lady Susan, Lady Winifred und ein paar wenige andere Hofdamen teil, doch meist war ich allein. Wenn meine Augenlider fast zufielen und mein Kopf heruntersank, pflegte Meister Vives mir ins

Ohr zu brüllen: »Passt gefälligst besser auf! Konzentriert Euch!«

Und wenn die offiziellen Unterrichtsstunden vorüber waren und ich meine Nachtgebete verrichtet hatte, begann Salisbury damit, mir das beizubringen, was am wichtigsten für mein späteres Leben als Königin war.

Eines Abends im November, als ein Sturm an den Fensterläden vor meinem Schlafgemach rüttelte und eine einzige Kerze vor sich hin tropfte und schließlich erlosch, begann meine Erzieherin, mir eine lange Geschichte zu erzählen.

»Maria, einen Teil dieser Geschichte kennt Ihr schon«, begann sie, »doch vielleicht habt Ihr die ganze Bedeutung noch nicht begriffen. Doch nun ist es an der Zeit, dass Ihr über alles informiert seid, denn ich glaube, dass Euch große Veränderungen bevorstehen, auf die Ihr besser vorbereitet seid.«

Ich lag reglos unter meiner dicken Satindecke. »Fahr fort, bitte.«

»Unter der Regierung Eures Großvaters stand England in großer Blüte und die königlichen Schatzkammern füllten sich mit Reichtümern. Euer Großvater hatte verfügt, dass Arthur, sein ältester Sohn, sein Thronfolger werden würde. Als Arthur noch ein junger Mann war, nicht viel älter als Ihr heute, wurde er verlobt. Die junge Frau, die Euer Großvater für Prinz Arthur ausgewählt hatte, war die Tochter von König Ferdinand und Königin Isabella von Aragon.«

»Meine Mutter!«

»Jawohl, meine liebe Maria, doch das war lange, bevor der liebe Gott Euch zu ihr senden sollte. Katharina war sechzehn, als sie Arthur heiratete, schon einige Jahre älter als die meisten jungen Bräute. Ich war zu dieser Hochzeit geladen und ich sehe Prinzessin Katharina noch heute auf dem Rücken eines edlen spanischen Maulesels zur Kirche reiten. Das war Brauch bei ihrem Volk, obwohl es sicher alle Engländer genauso merkwürdig fanden wie ich. Bei ihrer Hochzeit mit Prinz Arthur sah sie Euren Vater zum ersten Mal. Heinrich war damals noch ein ausgelassener, rotbäckiger Junge, knapp zehn Jahre alt.

Es war im November, *Anno Domini* 1501, und der Himmel war mit schweren, grauen Wolken verhangen. Heinrichs freundliches Lächeln muss Katharinas Herz erwärmt haben, die zum ersten Mal so fern von ihrer sonnigen Heimat war. Doch ihr Herz sollte bald vor Schmerz erfrieren. Nur wenige Monate später lag Arthur auf seiner Bahre, von der Schwindsucht dahingerafft.«

Ich seufzte, als ich mir den Kummer meiner Mutter vorstellte.

»Der König hatte jedoch nicht die Absicht, Katharina und vor allem ihre großzügige Mitgift nach Spanien zurückzusenden. Die beiden Monarchen, Heinrich und Ferdinand, steckten ihre alten, grauen Köpfe zusammen und fanden eine Lösung: Katharina würde in England bleiben und mit Arthurs jüngerem Bruder Heinrich vermählt werden, der damals jedoch noch keine elf Jahre alt war. Viele Theologen waren der Ansicht, dass die Heilige Schrift solche Eheschließungen nicht gestatte. Doch der Papst in Rom gewährte eine Ausnahmebewilligung, sodass Heinrich die Witwe seines Bruder heiraten konnte. Und wenig später wurden Heinrich und Katharina verlobt.«

»Aber mein Vater war doch noch zu jung zum Heiraten, nicht wahr?«, fragte ich.

»Damals ja«, stimmte Salisbury mir zu. »Doch es vergingen sechs Jahre, während der Katharina ein ruhiges, frommes Leben im Gebet und der Hingabe zu Gott führte. In dieser Zeit wurden Eure Mutter und ich enge Freundinnen.«

»Und mein Vater?«, fragte ich. »Hast du meinen Vater damals schon gekannt?«

»Ich kannte ihn so, wie alle Engländer ihn kennen. Wir verfolgten mit Bewunderung, wie der lebhafte Junge zu einem Mann heranreifte. Er wurde sehr groß, hatte fröhliche blaue Augen, hübsche Gesichtszüge und rotgoldenes Haar, das in der Sonne glänzte. Er war von kräftigem Wuchs, stark wie ein Bär und anmutig wie ein Hirsch, ein Athlet, der sich in jeder Sportart hervortat. Euer Vater war ein prachtvoller Mann!« Salisbury machte eine kurze Pause und hing ihren Erinnerungen nach.

»Als sein Vater starb, erbte der junge Prinz große Reichtümer und zudem noch die Krone Englands«, fuhr sie dann fort. »Und kurz nach dem Tod des alten Königs wurden Heinrich und Katharina vermählt.

Das junge Brautpaar verbrachte die letzte Nacht seiner Hochzeitsreise im Tower von London, wo traditionsgemäß jeder englische Monarch in der Nacht vor seiner Krönung schläft. Am nächsten Morgen fuhren Heinrich und Katharina gemeinsam in einer goldenen Kutsche durch London, zur Westminster-Abtei, wo sie zu den Herrschern von ganz England gekrönt wurden. Ich war an der Seite Eurer Mutter und freute mich sehr über ihr Glück.«

»Wie alt war meine Mutter damals?«, fragte ich. Es war

schon spät, aber ich war noch hellwach und begierig auf jede Einzelheit.

»Sie war dreiundzwanzig, Euer Vater siebzehn. Die Krönungsfeierlichkeiten dauerten mehrere Tage. Ihr hättet Eure Freude gehabt, Maria!

›Lang lebe König Heinrich der Achte!‹, riefen wir. ›Lang lebe Königin Katharina!‹«

Vor dem Palast heulte der Sturm weiter und ein Graupelschauer prasselte gegen die Fenster. Ich wunderte mich, warum meine Erzieherin mir all dies erzählte, warum sie mir nun endlich ein lebendigeres Bild von meinen Eltern vermittelte, nachdem sie meinen Fragen bisher immer ausgewichen war. Und warum erzählte sie mir diese Geschichte gerade jetzt? Es dauerte nicht mehr lange bis zur kalten, feuchten Morgendämmerung, bis ich wieder aus dem Bett steigen musste, um meine Morgengebete zu verrichten und einen weiteren harten Tag lang Meister Vives' Brüllen und seine Vorhaltungen zu ertragen. Aber ich wollte mehr wissen, alles. »Und du warst damals bei meiner Mutter?«, versuchte ich Salisbury zum Weiterreden zu bewegen.

»Ja. Ich wurde als Hofdame in den Haushalt deiner Mutter aufgenommen. Ich habe es mit eigenen Augen miterlebt, wie sehr Heinrich in seine junge Gemahlin verliebt war und sie in ihn. Dass sie einige Jahre älter war als er, schien seine Leidenschaft nur noch mehr zu entfachen. Sie war schön und ihm dank ihres scharfen Verstands gewachsen. Ihr erstes Kind, ein Mädchen, wurde tot geboren, doch als Königin Katharina ihm einen lebenden Sohn gebar, schien die Liebe des Königs für sie noch mehr zu wachsen. Er war vor Freude außer sich! Und all seine getreuen Untertanen mit ihm. Die Kanonen donnerten so laut, dass sämtliche Scheiben klirrten. In den öffentlichen Brunnen sprudelte Wein. Die Feiern und das Tanzen dauerte mehrere Tage. König Heinrich veranstaltete Turniere zu Ehren des neugeborenen Prinzen und kämpfte selbst mit, Katharinas Ärmel um die Lanze gebunden und mit einem Banner, auf dem ›Sir Loyal Heart‹ stand.«

Sir Loyal Heart! Ich musste an Susans Worte denken: *Es wird gesagt, der König sei in Anne verliebt.* Und ich dachte auch an die Worte, die ich erst neulich zufällig mit angehört hatte: »Verliebte sind Verrückte, die ihren Verstand verloren haben, und der König bildet da offensichtlich keine Ausnahme. Auch er scheint wegen Anne den Kopf verloren zu haben«, hatte Meister Vives dem betagten Bruder Anselm, meinem Religionslehrer, zugeflüstert.

Wenig später war ich wieder zufällig Zeugin, wie Lady Julia, meine Garderobenzofe, ihrer Gehilfin leise anvertraute: »Seine Begeisterung wird irgendwann von selbst verlöschen und dann wird er sie wieder aus seinem Leben verbannen. Glaub mir, irgendwann kommt eine Neue, die sein Herz entflammen wird.«

Ich hatte diese Gerüchte zwar gehört, doch ich weigerte mich, sie zu glauben – selbst aus dem Munde von Annes Kusine Susan. Es war einfach nicht möglich, dass mein Vater sich so sehr verändert haben sollte!

Salisbury machte eine Pause, um sich zu sammeln. Als sie den Faden der Geschichte wieder aufnahm, bebte ihre Stimme. »Und dann starb das Kind.«

Ich seufzte. Meine Mutter hatte mir bereits von dem Tod des neugeborenen Prinzen erzählt, was meinem Vater fast das Herz gebrochen hat.

»Der König und die Königin betrauerten den Verlust ihres Sohns, doch ein Kindstod ist nichts Ungewöhnliches und Frauen sind daran gewöhnt, an winzigen Gräbern zu weinen. Ihre Verzweiflung hielt nicht für immer an. Sie waren beide noch jung und kräftig und konnten noch viele weitere Kinder bekommen. In den darauf folgenden zehn Jahren wurde Katharina nicht weniger als zehnmal schwanger, doch jedes Mal – mit nur einer Ausnahme! – kam das Kind tot zur Welt.«

»Und diese Ausnahme?«, flüsterte ich gespannt, obwohl ich die Antwort natürlich wusste.

»Die seid Ihr, Madam«, antwortete Salisbury. »Es war ein Anlass zu großem Frohlocken im ganzen Königreich, als Ihr gesund und kreischend zur Welt kamt . . .«

»Am achtzehnten Februar *Anno Domini* 1516«, fiel ich ihr ins Wort. Ich saß nun aufrecht in meinem Bett, hatte die Arme um meinen dünnen Körper geschlungen und zitterte vor Kälte und vor Aufregung.

»Drei Tage nach Eurer Geburt trug ich selbst Euch vom Greenwich-Palast zur Friars-Kirche. Dort übergab ich Euch Kardinal Wolsey, der Euch im silbernen Taufbecken taufte, das eigens von der Canterbury-Kathedrale herbeigeschafft worden war. Ihr trugt ein Taufkleid aus weißem Samt, mit Hermelinpelz gesäumt. Das Taufkleid war so lang und so schwer, dass eine Gräfin und ein Graf hinter mir gehen mussten, um die Schleppe zu tragen. Ihr lagt auf einem mit Juwelen bestickten Kissen, unter einem weinrotgoldenen Baldachin, der von vier Rittern getragen wurde, und als der Chor das *Tedeum* sang, machte Wolsey Euch das Kreuzeszeichen auf die Stirn.«

Diese Episode hatte mir Salisbury schon so manches Mal

erzählt, aber ich konnte sie nicht oft genug hören. Sie beendete ihre Schilderung jedes Mal mit den Worten, wie sehr mein Vater mich verehrte, wie abgöttisch er mich liebte und meine Entwicklung mitverfolgte. Und bis jetzt hatte ich seine Liebe auch noch nie in Frage zu stellen gewagt.

Ich lehnte mich aus meinem großen Bett und blickte auf die Gräfin auf ihrem Feldbett hinunter.«Aber warum tut er dann in letzter Zeit so, als gäbe es mich gar nicht? Was habe ich falsch gemacht?« Angestrengt studierte ich das Gesicht meiner Erzieherin, um zu erahnen, ob sie mir die Wahrheit sagen würde.

Salisbury stieß einen müden Seufzer aus. Dann antwortete sie: »Weil Ihr kein Sohn seid, Maria. Er ist der Meinung, dass eine Frau nicht stark genug ist, um England zu regieren, wenn er eines Tages sterben wird, und dass es in der Folge zu großem Blutvergießen kommen wird. Er ist sich dessen bewusst, dass das Volk den Bastard Fitzroy vermutlich nicht auf dem Thron dulden wird. Und deshalb wünscht sich Euer Vater mehr als alles andere einen ehelichen Sohn als Thronerben, für Englands Wohl. Und er ist entschlossen, seinen Willen durchzusetzen.«

»Aber ich bin die Prinzessin von Wales und ich werde Königin sein – das hat mir meine Mutter gesagt. Außerdem hat meine Mutter seit Jahren kein Kind mehr empfangen. Sie ist nicht mehr jung genug.«

»Der König wird seinen Willen durchsetzen«, wiederholte Salisbury. »Er wird vor nichts zurückschrecken – vor nichts!« Sie griff nach ihrem Taschentüchlein und hustete hinein. »Aber genug für heute. Schlaft gut, liebe Maria.« Die Erzieherin klatschte in die Hände, um die Dienerin zu wecken, die sich sofort erhob und die Kerze wieder anzündete. Salisbury schloss die Augen und faltete ihre Hände über der Brust. Ich lag noch lange wach und starrte auf die hohen, zuckenden Schatten, die von der Kerzenflamme an die Wände geworfen wurden.

So viel hatte ich verstanden: Ich war eine Enttäuschung für meinen Vater, weil ich nicht der ersehnte Sohn war. Ich erinnerte mich daran, wie oft er mich seine perfekte, kleine Prinzessin genannt hatte. Aber ganz so perfekt war ich offensichtlich doch nicht – ich war nur ein Mädchen, ungeeignet zum Regieren, egal, was meine Mutter auch behauptet hatte!

Vielleicht hatte mein Vater deshalb diesem Bastard Fitzroy einen höheren Rang verliehen als mir – damit dieser eines Tages König werden konnte. Doch alle Welt wusste, dass ein uneheliches Kind niemals Thronerbe sein konnte. Es musste also ein Sohn sein und es musste der Sohn meines Vaters und seiner rechtmäßigen Gemahlin sein. Doch meine Mutter war inzwischen zu alt zum Kinderkriegen. Welche Möglichkeiten blieben meinem Vater da?

Während ich Salisburys tiefen, unregelmäßigen Atemzügen lauschte, ließ ich mir ihre Worte von vorhin noch einmal durch den Kopf gehen. *Der König wird seinen Willen durchsetzen. Er wird vor nichts zurückschrecken – vor nichts* . . . Plötzlich sah ich wieder vor mir, wie mein Vater Anne Boleyn angeschaut hatte. Ein kalter Schauer lief mir über den Rücken, während sich der Nachthimmel vor meinem Fenster allmählich zu einem düsteren Grau verfärbte.

KAPITEL VI

LADY ANNE

Die Hufe der Pferde klapperten auf der gefrorenen Erde und aus ihren Nüstern drangen weiße Wölkchen in die eisig kalte Luft. Als ich vor der Weihnachtszeit mit meinem Gefolge nach Greenwich reiste, war ich voller Vorfreude auf zwei Wochen Feierlichkeiten und auf das erneute Zusammensein mit meinem Vater und meiner Mutter. Was ich über Lady Anne gehört hatte, versuchte ich zu verdrängen. Vielleicht war es doch nur Gerede. Alles würde so sein wie immer . . .

Selbst die normalerweise so gelassene Lady Salisbury hatte etwas Farbe auf den Wangen; ihr Sohn, Reginald Pole sollte nach langen Studien im Ausland für einen längeren Besuch in der Heimat weilen. Mir war schon aufgefallen, dass sie seinen Namen in letzter Zeit des Öfteren erwähnte, wenn sie Sachen sagte wie: »Ich glaube, mein Sohn Reginald wird sich über Eure musikalischen Fortschritte freuen«, oder: »Reginald hat den Wunsch geäußert, sich mit Euch über Eure Griechischstudien zu unterhalten.«

Bei solchen Bemerkungen lächelte ich vor mich hin, sagte jedoch nichts. Und doch fragte ich mich manchmal insgeheim, ob meine Mutter und meine Erzieherin vielleicht schon zusammen überlegt hatten, ob Reginald nicht einen passenden Ehemann für mich abgäbe. Meine Verlobung mit dem französischen König war inzwischen gelöst worden, allerdings wusste ich weder, wann das geschehen war noch auf wessen Wunsch. Salisbury hatte mir nur mitgeteilt: »Ihr braucht Euch wegen Frankreich keine Sorgen mehr zu machen.« Es gab hie und da Gerüchte um neue Freier, eine neue Verlobung, doch im Allgemeinen wurde ich in Ruhe gelassen und war froh darüber. Ich war nun schon fast zwölf Jahre alt und näherte mich dem heiratsfähigen Alter und dem Frausein. Irgendetwas würde demnächst passieren, das spürte ich deutlich. Doch es war unmöglich, Salisbury etwas zu entlocken, wenn sie es nicht von sich aus preisgeben wollte.

Reginald kannte ich schon, seit ich noch ein Kind war. Er war sechzehn Jahre älter als ich, so alt wie mein zweiter Verlobter, Kaiser Karl. Reginald ähnelte seiner Mutter nicht nur in der Größe und dem ausgezeichneten höfischen Benehmen, er hatte auch ihr spitzes Kinn und ihre lange Nase geerbt. Ich hielt ihn für intelligent und gutherzig und konnte mir gut vorstellen, mich in ihn zu verlieben, wie ich mir auf dem Weg nach Greenwich überlegte. Er war zutiefst religiös, genau wie ich. Ja, richtig, mir fiel ein, dass er studierte, um Priester zu werden. Und Priester zu sein bedeutete natürlich, dass er nicht heiraten durfte. Wie schade, was für eine Enttäuschung, dass ausgerechnet das, was mich am meisten zu ihm hinzog – seine tiefe Gläubigkeit –, genau das war, was uns mit Sicherheit auch trennte. Es sei denn, er änderte seine Meinung und verzichtete auf das Priesteramt, um zu heiraten – und zwar *mich!*

Vielleicht, dachte ich, während ich und meine Entourage

uns den Toren des Palasts näherten, hat Reginald all die letzten Jahre über an mich gedacht und dieselbe Zuneigung für mich verspürt wie ich für ihn. Vielleicht hat er seinen Vorgesetzten schon mitgeteilt, dass er lange und intensiv gebetet und Gottes Stimme vernommen hat, die ihm gesagt hat, er solle lieber mein Gemahl werden als Geistlicher. Vielleicht haben die Gräfin und die Königin schon mit ihm gesprochen und er hat ihrem Vorschlag zugestimmt! Ja, beschloss ich und wurde immer aufgeregter, ich liebe ihn schon jetzt. Gott hat meine Gebete erhört, in denen ich ihn um einen guten Ehemann angefleht habe. Und er schickt mir Reginald Pole!

Doch was würde mein Vater sagen? Reginald war zwar von adeligem Blut, aber er war kein König, und König Heinrich schien beschlossen zu haben, dass nur ein König als Ehemann für mich in Frage käme. Meine Aufregung welkte und erstarb, noch ehe wir die Tore des Palasts passiert hatten. Mein Vater würde sich meinem Wunsch widersetzen, dachte ich betrübt, egal, wie sehr ich auch bitten und betteln würde. Welche Rolle spielte es schon, ob ich glücklich war oder nicht?

Sobald wir im Greenwich-Palast angekommen waren, erhielt ich die Botschaft, dass König Heinrich mich erwartete. Ich kleidete mich um und eilte umgehend in seine Privatgemächer. Er hatte mich zu sich geladen! Er wollte mich sehen! Mein Herz pochte laut, als ich vor ihm auf die Knie fiel: In welcher Stimmung war er heute – aufgebracht oder liebevoll?

Er begrüßte mich mit einem Kuss, aber es schien, als schenke er mir dennoch kaum Beachtung. Er benahm sich, als wären es nur Stunden, nicht Monate her, seit er mich zuletzt gesehen hatte, und entließ mich schon bald wieder mit einer kurzen Handbewegung. Wie konnte er nur so gleichgültig sein?

Langsamen Schrittes verließ ich rückwärts sein Privatgemach und hoffte innerlich, er würde mich noch einmal zurückrufen. Doch das tat er nicht. Sobald ich den äußeren Korridor erreicht hatte, eilte ich zu den Gemächern der Königin und in die warmen, zärtlichen Arme meiner Mutter. Doch als ich mich nach der Umarmung von ihr löste und ihr ins Gesicht schaute, erschrak ich über die Veränderungen, die ich an ihr feststellen musste: Ihr Gesicht wirkte müde und angespannt. Ihre dicken, kastanienbraunen Haare waren grau geworden. Und was noch schlimmer war – in ihrem Lächeln lag keine echte Freude und in ihren Augen eine tiefe Traurigkeit. Was war mit meiner Mutter geschehen?

In diesem Augenblick begriff ich, dass all die bösen Gerüchte wahr waren. Mein Vater liebte sie nicht mehr. Er liebte nur noch Anne. Und in diesem Moment spürte ich, wie meine Welt zusammenbrach. Am liebsten hätte ich mein Gesicht in ihrem Schoß vergraben, wie früher als Kind, um mir allen Schmerz von der Seele zu heulen, doch ich spürte, dass ich um meiner Mutter und auch meiner selbst willen stark sein musste. »Madam«, stammelte ich hilflos.

»Ich freue mich, dich zu sehen, Maria«, sagte sie zärtlich. »Du musst müde sein von der langen Reise. Ruh dich zuerst etwas aus, wir unterhalten uns dann später.«

An diesem Abend, an dem ich mich die ganze Zeit über wie eine Schlafwandlerin fühlte, sah ich meinen Vater und meine Mutter wieder, auf der Estrade in der großen Halle, zum ersten höfischen Bankett. Der Saal war mit lieblich duftenden Girlanden aus Rosmarin, Kränzen aus Stechpalmblättern und Mistelzweigen geschmückt. In dem großen offenen Kamin züngelten die Flammen aus dem riesigen, knisternden, traditionellen Weihnachtsbaumstamm. Lange Tafeln waren mit den schönsten Tellern, Kelchen, Wasserkrügen und Salznäpfchen aus Gold und Silber gedeckt, die der Königshof zu bieten hatte. Am Platz des Königs stand ein kleines, aufgetakeltes Segelschiff, das sein Tischbesteck und sein Mundtuch enthielt. Einige Mitglieder des Staatsrats mit ihren Gemahlinnen in prachtvollen Gewändern und mit schimmernden Geschmeiden am Hals teilten die königliche Tafel mit uns. Die Adligen von hohem Rang und die Hofdamen saßen an den tiefer gelegenen Tafeln auf Stühlen und Bänken. Kardinal Wolsey saß am anderen Ende der Estrade und musterte mich mit zusammengekniffenen Augen und so intensiv, als versuche er, meine geheimsten Gedanken zu erraten. Obwohl das Feuer den riesigen Raum erwärmte, wurde mir plötzlich eiskalt.

Königin Katharina saß an ihrem üblichen Platz zur Rechten des Königs. An der bemalten Decke über ihnen waren ein Granatapfel abgebildet, Katharinas königliches Symbol, verschlungen mit Heinrichs Rose der Tudors. Verglichen mit dem Schmuck der anderen Frauen wirkte ihr Festtagsgewand schäbig und unpassend, ihr Kopfschmuck altmodisch. Sie sieht alt aus, dachte ich auf einmal und wurde tief betrübt.

Im Gegensatz zu ihr hatte König Heinrich noch nie so gut ausgesehen wie heute und war nie fröhlicher gewesen.

Doch seine Ausgelassenheit machte mich betroffen. Die Quelle für die Freude meines Vaters war für jeden recht offensichtlich. An einer der Tafeln unter uns, in einem wunderschönen Gewand aus schwarzer Seide mit zarter französischer weißer Spitze, saß Lady Anne Boleyn. Ihre schwarze Lockenpracht kringelte sich um ihr blasses Gesicht und fiel bis über ihre schmalen Schultern. Mein Vater starrte sie immer wieder verlangend an und wandte nur unwillig seinen Blick ab, wenn jemand das Wort an ihn richtete. Anne lachte und plauderte mit den Umsitzenden und tat so, als würde sie seine Aufmerksamkeit nicht bemerken.

In Anwesenheit des gesamten Hofstaats hob der König seinen goldenen Kelch und prostete Anne zu. »Zum Wohle!«, rief er und Anne erwiderte seinen Trinkspruch mit einem koketten Lächeln.

Eine Trompetenfanfare kündigte das Auftragen eines Wildschweinkopfes mit vergoldeten Hauern an – der offizielle Beginn des Weihnachtsfests. Als die Diener den gerösteten Kopf auf einem silbernen Tablett hoch über ihren Köpfen hereintrugen, stimmte der königliche Musikmeister das traditionelle Weihnachtslied an und die Lords und Ladys des Hofes fielen begeistert ein.

Doch meine Kehle war wie zugeschnürt mit Tränen der Wut und ich brachte keinen Laut heraus.

An den Tagen nach dem Weihnachtsfest wurde ich oft in die Gemächer der Königin gerufen, wo wir uns mit unseren Stickarbeiten gemütlich ans Feuer setzten. Wie es Brauch war, hatte ich viele der Geschenke, die ich an Neujahr überreichen würde, selbst gemacht. Fast zu spät fiel mir noch ein, dass ich kein Geschenk für Reginald Pole hatte, mit dem ich bisher nur ein paar flüchtige Blicke hatte austauschen können. Es musste ein Geschenk sein, das meine Zuneigung zum Ausdruck brachte, ohne jedoch allzu auffällig zu sein, da bisher von einer Verlobung noch keine Rede gewesen war. In diesen friedlichen Stunden mit meiner Mutter bestickte ich ein burgunderrotes Seidenband an einem Ende mit einem Kreuz und seinen Initialen, am anderen mit meinen eigenen Initialen – ein Lesezeichen für sein Gebetbuch. Aber ich war unkonzentriert und verwirrt und warf immer wieder heimliche Seitenblicke auf meine Mutter. Sie hatte gesagt, dass wir uns in Ruhe unterhalten würden, doch bisher hatte sie noch kaum etwas gesagt. Auf der einen Seite wollte ich, dass sie mir erzählte, was vor sich ging; auf der anderen fürchtete ich mich davor, Näheres über die neue Liebe meines Vaters zu erfahren.

Ein paar Mal war ich allein mit meiner Mutter und Salisbury und nur wenigen Dienerinnen, doch niemand erwähnte Reginald. Und ich selbst konnte dieses Thema natürlich nicht anschneiden. Ich nahm an, dass sie genauso besorgt waren wie ich wegen Lady Anne und der Aufmerksamkeit, die König Heinrich ihr schenkte, doch niemand wagte es, darüber zu sprechen.

Stattdessen erkundigte sich Königin Katharina während des Stickens nach meinen Lernfortschritten. Sie bat mich, mich nicht so oft über Vives zu beschweren, sondern fleißig und gewissenhaft zu lernen. Zweimal am Tag besuchte ich mit ihr und einigen ihrer Hofdamen die Messe. Und jeden Abend kleideten uns unsere Zofen in seidene Gewänder und hängten uns unseren Schmuck um und wir gingen zu einem weiteren Bankett in die große Halle. Inzwischen fürchtete ich die Bankette, die einzigen Gelegenheiten, bei denen ich meinen Vater zu sehen bekam. Doch es war jeden Abend dasselbe: Seine ganze Aufmerksamkeit galt nur Lady Anne. Sobald die Musikanten aufspielten, begann mein Vater unermüdlich zu tanzen, während meine Mutter auf der Estrade sitzen blieb. Ein- oder zweimal forderte er auch mich zum Tanz auf, sehr viel häufiger jedoch Lady Anne. Ich fragte mich, was die anderen Mitglieder des Hofes von seinem Benehmen hielten. Sie schienen keinen Anstoß daran zu nehmen, doch selbst wenn dies der Fall gewesen wäre, hätten sie es niemals gewagt, ihre Missbilligung zur Schau zu stellen.

Im Greenwich-Palast wimmelte es vor Menschen. Da es eine große Ehre war, an den Hof geladen zu werden, hatte niemand abgelehnt. Alle Adligen des Landes und Ratsherren meines Vaters waren gekommen und hatten ihre Familien und ihre Dienerschaft mitgebracht. Auch ich hatte den Großteil meines Haushalts und meine Hofdamen dabei. In jedem Schlafgemach des Palasts schliefen vier bis fünf Personen, in den großen Audienzräumen gleich dutzende. Bei dem Lärm und dem Durcheinander war es ein Leichtes für mich, praktisch unbemerkt durch die zahlreichen Räume und Korridore zu streifen. Alle, die für mich verantwortlich waren, dachten stets, ich wäre bei jemand anderem.

Ich war eine geschickte Spionin. Schon als Kind hatte ich viele Gespräche meiner Eltern belauscht, sobald sie nicht mehr auf mich achteten, was oft der Fall war. Ich spitzte auch immer die Ohren, wenn die Dienerschaft sich unterhielt, weil sie dachten, ich sei nicht mehr in der Nähe, oder wenn die Hofdamen meiner Mutter miteinander plauderten und glaubten, ich sei mit etwas anderem beschäftigt. Da ich ein ruhiges Kind war, nahmen alle an, ich interessiere mich nicht für die Angelegenheiten der Erwachsenen. Wie sehr sie sich irrten! Und so, wie die Dinge inzwischen lagen, war das Spionieren für mich wichtiger denn je.

Wo immer ich stand und ging, hörte ich Geflüster: »Lady Anne . . . König Heinrich . . .« Wenn ich nicht mit meiner Mutter zusammensaß, war ich hauptsächlich damit beschäftigt, die Gespräche um mich herum zu belauschen.

Eines Tages, als das alte Jahr seinem Ende zuging, hatte ich Gelegenheit, in das Zimmer zu schlüpfen, wo meine Zofen unter den strengen und wachsamen Augen von Charlotte, der obersten Zofe, je zu zweit auf einem schmalen Bett schliefen. Ich versteckte mich zwischen den Gewändern und Unterröcken, die auf Kleiderbügeln an den Wänden hingen. Halb erstickt von den Samt- und Satinstoffen und mit klopfendem Herzen spitzte ich die Ohren und lauschte, während die Zofen ihre Strümpfe stopften und sich angeregt unterhielten. Sie sprachen gerade über das Muttermal oder den Leberfleck an Annes Hals.

»Es ist ein Hexenmal«, sagte eine und ich glaubte die Stimme von Lady Maud erkannt zu haben.

»Deshalb trägt sie immer ein Halsband mit einem Juwel um den Hals«, sagte eine andere, vermutlich Lady Joan. »Um die Stelle zu verbergen, an der der Teufel ihr das Blut absaugt.«

»Und der sechste Finger an ihrer linken Hand – habt Ihr den bemerkt? Sie versucht ihn zu verbergen mit langen Ärmeln und Spitzenstulpen. Manche behaupten, dass sie wegen dieses Makels nie einen Mann finden wird.«

»Nun, den König scheint es nicht zu stören. Er scheint wie verhext von ihr.«

»Pass bloß auf, dass Lady Susan dich nicht hört, wenn du solche Sachen sagst«, warnte Maud. »Sie ist eine Kusine von Anne Boleyn.«

»Die Kusine einer Hexe!«, rief Joan. »Das würde Lady Susan sicher nicht gerne hören!«

Die Ladys lachten, während mir trotz der Wärme um mich herum ein kalter Schauer über den Rücken lief.

Nachdem die Zofen den Raum verlassen hatten, kroch ich aus meinem Versteck und rannte zu Salisbury. Ich erzählte ihr einen Teil von dem, was ich gehört hatte. »Eine Hexe, haben sie behauptet«, rief ich. »Ist das wahr?«

»Psst, Madam«, sagte Salisbury hastig. »Das ist nur dummes Gerede, das man besser nicht wiederholen sollte.«

Einen solchen Ton legte Salisbury nur selten an den Tag, weshalb ich daraus schloss, dass diese Verleumdung doch ein Körnchen Wahrheit enthielt.

Doch wer würde mir ehrlich und aufrichtig antworten? Ich kannte die Antwort: niemand. Meine Ladys mochten während ihren Handarbeiten zwar Klatsch austauschen und bei einer Tasse Ale lachen und scherzen, doch die Stimmung änderte sich augenblicklich, sobald ich den Raum betrat. Das Gerede und Gelächter verstummte, als wäre eine Tür zugeschlagen worden, und ich wurde mit einem höflichen Knicks und einem freundlichen, aber absolut nichts sagenden Lächeln begrüßt.

Ich fühlte mich krank – zu krank, um am Neujahrsbankett teilzunehmen. Ich hatte das Gefühl, es keinen Abend länger mit ansehen zu können, wie mein Vater sich Lady

Anne gegenüber benahm. Doch am nächsten Tag ließen meine Kopfschmerzen schnell nach, als König Heinrich seine Gäste in der großen Halle versammelt hatte, um die traditionellen Neujahrsgeschenke zu überreichen. Lady Anne war nicht anwesend, worüber ich sehr froh war.

Doch dafür war Reginald da, der mir die Hand küsste. Obwohl er auch zu den anderen königlichen Banketten geladen worden war, war dies unsere erste Möglichkeit, miteinander zu reden. Doch ich musste feststellen, dass ich keinen Ton herausbrachte. Mir fiel absolut nichts ein, mein Kopf war wie leer gefegt! Ich schaffte es kaum, ihn überhaupt nur anzublicken, sondern warf ihm nur immer wieder heimliche Seitenblicke zu, wenn ich glaubte, er würde es nicht bemerken.

Für meinen Vater hatte ich Ärmelhalter bestickt, obwohl ich von Anfang an gewusst hatte, dass er sie niemals tragen würde – er mochte lieber glitzernde Juwelen als meine sauberen, akkuraten Stiche. Doch er bedankte sich herzlich und drückte mir einen Kuss auf die Stirn. Das war das erste Zeichen von Zuneigung seit dem Tag meiner Ankunft. Für meine Mutter hatte ich ein hübsches Nadelkissen genäht und bestickt, das ich ihr nun zusammen mit einem seidenen Päckchen überreichte, das ein Dutzend dünner Nadeln enthielt. Für Salisbury hatte ich ein Spitzentüchlein bestickt. Da ich auch Kardinal Wolsey ein Geschenk überreichen musste, hatte ich für ihn einen kleinen Samtbeutel für seinen Siegelring genäht.

Von meinem Vater erhielt ich eine mit Rubinen besetzte Tasse aus Blattgold, von meiner Mutter eine silberne, mit Kräutern gefüllte Duftkugel, die die Pest abwehren sollte, von Wolsey einen juwelenbesetzten Serviettenring, von

Salisbury ein Salzfässchen aus Kristall. Reginalds Geschenk war ein vergoldetes Kräuterkästchen, dessen Deckel mit Szenen aus dem Buch Hiob bemalt war. Ich bedankte mich überschwänglich bei ihm, obwohl ich mich insgeheim über die Bilder mit Hiobs Leiden wunderte. Ich hatte auf ein Geschenk gehofft, das die Gefühle zum Ausdruck bringen würde, von denen ich mir erträumt hatte, dass sie zwischen uns gewachsen wären. Aber vielleicht hatte ich mir alles nur eingebildet, denn noch war kein Wort darüber gefallen.

In der zwölften Nacht, dem letzten großen Festtag der Weihnachtszeit, wurde die Ankunft der drei Weisen an der Krippe des kleinen Jesuskindes gefeiert. Trotz ihres religiösen Ursprungs war die zwölfte Nacht ein Anlass zu ausgelassener Fröhlichkeit und ich hatte mich jedes Jahr darauf gefreut. Zwei riesige flambierte Dreikönigskuchen wurden auf goldenen Tabletts hereingetragen – einer für die Damen, einer für die Herren. Dann wurden die Kuchen aufgeschnitten und serviert. Der Gentleman, der in seinem Stück die versteckte Bohne entdeckte, wurde für die lärmende Nacht der Festlichkeiten zum Lord des Tumults gekrönt; die Lady, die in ihrem Stück die getrocknete Erbse fand, war seine Königin für diese Nacht des Tanzens und des Singens. Diesmal ging die Ehre an Thomas Wyatt, einen gut aussehenden, talentierten Dichter am Königshof. Mein Vater schien nichts dagegen einzuwenden zu haben, aber nur bis er erfuhr, dass es ausgerechnet Anne Boleyn war, die in ihrem Stück die Erbse gefunden hatte. Die ersten Sturmwolken brauten sich zusammen. Doch Wyatt achtete nicht auf den plötzlichen Stimmungsumschwung des Königs. Er bat um die Erlaubnis, seiner »Königin« ein von ihm selbst komponiertes Lied vorspielen zu dürfen.

»Meinetwegen«, knurrte der König und gab den Anwesenden das Zeichen, zu schweigen.

Als Wyatt begann, die Saiten seiner Laute zu schlagen, und zu singen anhob, sah ich, dass seine Augen unverwandt auf Anne ruhten. Auch König Heinrich bemerkte es. Ich hatte das sichere Gefühl, dass der Sturm gleich losbrechen würde, und das tat er dann auch. Ungnädig brachte der König den Sänger aus dem Konzept, indem er ausrief: »Genug mit diesem tristen Katzengejaule!« Dann erklärte er das Bankett für beendet. Ausnahmsweise war ich richtig froh, dass das Feiern nun vorbei war.

Am Abend vor unserer Abreise von Greenwich streifte ich ein letztes Mal durch den Palast, um zu hören, was es Neues gab. Nach einer Weile stieß ich auf eine Gruppe von Ladys, die Karten spielten und sich dabei unterhielten. Ich kannte sie nicht persönlich, doch aus ihren Gewändern und ihrem Schmuck schloss ich, dass es sich um Damen des höheren Adels handeln musste. Ich trug meinen schlichtesten Kittel ohne jeden Schmuck, weshalb sie mich für ein Dienstmädchen hielten und mir keine Beachtung schenkten.

»Es ist allgemein bekannt, dass Lady Anne aus Frankreich zurückkehrte in der festen Absicht, den jungen Percy zu heiraten, der zum Haushalt von Wolsey gehört«, erklärte eine pummelige Frau in einem gelben Seidenkleid, eine Farbe, die ihrem fahlen Teint absolut nicht schmeichelte.

»Und obendrein soll sie sich geweigert haben, den Mann zu heiraten, den ihr Vater für sie ausgesucht hatte, man stelle sich vor!«, sagte eine Frau in grünem Samt empört. Sie sortierte die Karten in ihrer Hand und legte dann zwei davon auf den Tisch.

Ich kauerte mich vor das Feuer und tat so, als würde ich die Holzscheite zurechtschieben, während ich angestrengt lauschte.

»Auf jeden Fall«, fuhr die Gelbe Seide fort, »hat der Kardinal dieser Affäre ein Ende gesetzt und den armen Percy mit einer Frau verheiratet, die so hässlich ist, dass man sie auf den ersten Blick für eine Vogelscheuche halten könnte.«

»Das muss Lady Anne fürchterlich erbost haben«, sagte eine dritte Frau in einem mitternachtsblauen Gewand.

»Oh ja, sie sagte ganz schreckliche Dinge über Wolsey!«, bestätigte die Gelbe Seide, ehe sie einen Hustenanfall bekam. Dann fuhr sie fort: »Dabei ist Wolsey der mächtigste Mann von England, gleich hinter König Heinrich! Sie sagte, Wolsey hätte sie gedemütigt. Und sie schwor, dass sie sich rächen würde.« Es gab eine kleine Pause, während der Karten sortiert und ausgespielt wurden. »Aber eines kann ich Euch sagen«, fuhr sie fort, »Percy war weder ihr erster noch ihr letzter Liebhaber.«

»Ach? Wer noch?«, fragte Mitternachtsblau.

»Nun, unser hübscher Dichter, Thomas Wyatt.« Gelbe Seide schien bestens informiert zu sein. »Lady Anne lässt immer wieder durchblicken, dass er viele seiner Gedichte speziell für sie geschrieben hat. Doch auch ihn kann sie nicht heiraten. Wyatts Frau soll bissiger sein als ein hungriger Hund.«

»Habt Ihr nicht gesehen, wie der König gestern Abend beim Bankett reagiert hat?« Dies war eine neue Stimme, deren Besitzerin ein Kleid mit braunen und grauen Streifen trug. »Falls er Wyatt noch einmal in der Nähe von Lady Anne erblicken sollte, schickt er ihn dorthin, wo der Pfeffer wächst. Dann kann er seine Verslein woanders schmieden.«

»Anne Boleyn ist nur von niederem Adel«, sagte Grüner Samt abfällig. »Doch dafür sind die Pläne ihres Vater umso hoch fliegender.«

»Gewiss nicht allzu hoch, was ihre Moral angeht«, meinte Gelbe Seide.

»Oder ihre Brüste«, warf Mitternachtsblau ein. »Sie ist flach wie ein Brett.«

»Aber der König saugt jedes Wort auf, das sie sagt, nicht wahr?«

»Oh ja, jedes Wort. Ich habe sogar gehört, dass er Anne angeblich heiraten will.«

»Anne? Heiraten? Wie könnte er? Da müsste er sich zuerst von Katharina scheiden lassen. Kein leichtes Unterfangen, wenn Ihr mich fragt!«

Ich hatte Angst, zu ersticken. Kein Wunder, dass meine Mutter so schlecht aussah. Ich hörte auf in dem Feuer herumzustochern und lauschte weiter, damit mir ja kein Wort entging, jede Faser meines Körpers angespannt.

Die schreckliche Frau in dem gelben Seidenkleid antwortete: »Aber er scheint fest entschlossen. Doch um von Katharina geschieden zu werden, muss er seine Heirat mit ihr zuerst für ungültig erklären lassen. Das würde natürlich auch bedeuten, dass seine Tochter unehelich geboren wurde.«

Der Holzklotz im Feuer knisterte und spuckte eine Fontäne von Funken aus.

»Dann wäre Prinzessin Maria ja ein Bastard! Und als Bastard kann sie nicht länger Prinzessin sein.«

Nicht länger Prinzessin. Ein Bastard.

Mehr hörte ich nicht mehr, denn im gleichen Moment sank ich ohnmächtig vor der Feuerstelle zusammen. Die Ladys unterbrachen ihr Kartenspiel und riefen nach Bediensteten, um mich fortzutragen. Die Ladys mochten mich zwar nicht erkannt haben, doch die Dienerschaft tat es.

Als ich wieder zu mir kam, lag ich in meinem Schlafgemach auf dem Bett und Salisbury beugte sich über mich, um mir ein kühles Tuch auf die Stirn zu legen.

»Maria, was ist passiert?«

Doch ich war viel zu schockiert, um ihr auch nur ein Wort von dem zu erzählen, was ich vorhin gehört hatte.

Am nächsten Morgen bereitete ich mich traurigen Herzens auf meine Abreise vor. Mein Vater schickte nicht mehr nach mir; ich hatte ihn seit dem letzten Bankett nicht mehr gesehen. Meine Mutter sagte mir kummervoll Lebwohl. Es gab so vieles, was ich sie gerne gefragt hätte – über den König und Anne, ob die Sache mit der Scheidung stimmte, was es für sie und für mich bedeuten würde –, aber sie war so bekümmert, dass ich diese Fragen nicht zu stellen wagte. Ich musste warten, bis sie von sich aus darüber sprechen würde. Und ich wusste nicht, wann das sein würde. Sie sagte mir nur, dass der König angeordnet hatte, dass sie in einen Herrensitz nördlich von London umzuziehen hätte, weit weg von Greenwich und weit weg von Richmond. Alles, was ich tun konnte, war nicht in Tränen auszubrechen.

Bevor wir den Palast verließen, küsste Reginald Pole ein weiteres Mal meine Hand und sagte zu seiner Mutter, dass es ihm aus Zeitgründen leider nicht möglich sei, uns einen Besuch abzustatten, ehe er in offizieller Mission auf den Kontinent reise. Dies war zwar eine weitere Enttäuschung für mich, aber ich war ohnehin schon so bedrückt, dass es keinen großen Unterschied mehr machte.

Salisbury und ich saßen viele Stunden in der schaukelnden Kutsche, die sich durch den feuchten Schnee bis Richmond durchkämpfte. Obwohl es so vieles zu sagen gegeben hätte, war jede von uns in ihren schweren Mantel und ihre eigenen Gedanken versunken und wir sprachen nur wenig.

KAPITEL VII

KRANKHEIT UND GRAUEN

Die Kirchenglocken schwiegen. Die in der königlichen Kapelle über den Altären hängenden Kruzifixe waren schwarz verhüllt. Die vierzigtägige Fastenzeit war fast vorüber und in der vergangenen Woche hatte ich anlässlich der Passions- und Osterzeit erneut die Reise von Richmond zurück an den Königshof von Greenwich unternommen. Auf Ostern, das höchste aller kirchlichen Feste, hatte ich mich immer sehr gefreut. Doch dieses Jahr war es anders.

Am Karfreitag, dem traurigsten und düstersten Tag der Passionszeit, enthielt sich der ganze Hof des Essens und Trinkens. Wir schauten zu, wie König Heinrich auf den Knien den langen Gang zum Altar der Westminster-Abtei rutschte. Er trug ein Gewand aus braunem Sackleinen, streute Asche auf sein nacktes Haupt und hielt oft inne, um zu beten. Früher war ich bei diesem Anblick immer sehr gerührt gewesen von der frommen Demut meines Vaters. Dieses Jahr war mir klar geworden, dass sie nur gespielt war, und das machte mich fast krank.

Der nächste Tag, Karsamstag, war ein Tag des Wartens. Mir schien, dass mein ganzes Leben inzwischen nur noch aus Warten bestand – warten darauf, zu erfahren, was aus meiner Familie werden würde. Eines stand fest:

Meine Eltern befanden sich im Kriegszustand und ich war machtlos etwas dagegen zu tun. Fast jeden Abend in den vergangenen drei Monaten, seit ich sie zuletzt gesehen hatte, hatten mich die Erinnerungen an die Besessenheit meines Vaters für Anne Boleyn und die traurigen Augen meiner Mutter noch viele Stunden lang wach gehalten.

Bei Anbruch der Nacht kamen meine Kammerzofen, um mich für die große Karsamstagabendmesse umzukleiden. Das Gewand vom Jahr zuvor aus bernsteinfarbenem Samt und Damast war mir über der Brust ein bisschen eng geworden. Salisbury hatte an den König geschrieben und die Mittel für ein neues Gewand erbeten, jedoch keine Antwort erhalten. Mir schien, als hätte mein Vater völlig vergessen, dass ich seine Tochter war!

Ich begriff, dass Anne Boleyn der Grund für sein Versäumnis war. An Weihnachten hatten die Leute über sein Verhältnis mit ihr nur geflüstert. Inzwischen sprachen sie frank und frei über seine Aufmerksamkeiten ihr gegenüber. Da blieb für mich natürlich nichts mehr übrig.

Nachdem ich in mein enges Gewand gequetscht worden war, kam Salisbury zu mir und flüsterte mir ins Ohr: »Es ist Zeit, Madam«, und wir gingen schweigend zur Abtei. In der eisigen Dunkelheit, in der man nichts sehen, sondern nur gelegentlich ein Hüsteln oder Schlurfen von Füßen hören konnte, warteten wir.

Dann wurde am großen Portal der Kirche ein Funke entzündet und daran eine große Osterkerze angesteckt, ein Symbol für die Rückkehr des Lichts in die Welt. Kardinal Wolsey führte die Prozession an. Während er sich dem Altar näherte, verkündeten Trompeten und Posaunen die freudige Auferstehung des Herrn. Die große Orgel, die vierzig Tage lang stumm geblieben war, schwoll zu gewaltigen Akkorden an und der Chor der Mönche sang ein Halleluja nach dem anderen, die von der gewölbten Decke zurückgeworfen wurden. Doch die allgemeine Freude um mich herum sprang nicht auf mich über.

Am nächsten Abend erschien Königin Katharina an der Seite des Königs, ein verkniffenes Lippen auf den Lippen. Ihre braunen Augen blickten traurig drein. Der König schien wütend zu sein. Nicht einmal Annes Anwesenheit konnte seine zornigen Blicke dämpfen. Sobald das Bankett zu Ende war, zogen sich meine Eltern in die Gemächer meiner Mutter zurück. Ich wusste, dass sie stritten. Jeder im Palast wusste es.

Ich hielt es nicht länger aus und flehte Salisbury an, mir den Grund des Streits zu verraten, und schließlich gab sie nach. »König Heinrich wünscht die Scheidung. Er hat die unerhörte Behauptung aufgestellt, seine Heirat mit Katharina wäre ungültig, weil sie blutschänderisch sei: Er habe die Frau seines Bruder geheiratet, was laut der Heiligen Schrift verboten ist. Königin Katharina weigert sich. Sie beruft sich auf eine andere Bibelstelle, in der geschrieben steht, der Bruder des Ehemanns sei verpflichtet, die Witwe seines Bruders zu heiraten. Keiner von ihnen ist bereit nachzugeben. Heinrich rast vor Wut und verlangt von Katharina, sich freiwillig in ein Nonnenkloster zu begeben.« Salisbury seufzte und starrte auf ihre Hände, die sie im Schoß gefaltet hatte. »Ich kann es noch gar nicht fassen, dass es so weit gekommen ist.«

Die Streitereien dauerten an, von Tag zu Tag. Vom Korridor aus hörte ich ihre lauten Stimmen, verärgerte Ausrufe, Türenschlagen, laute Schritte. Mein Magen zog sich immer wieder schmerzhaft zusammen.

Nach einer dieser Auseinandersetzungen fand ich meine Mutter auf dem Stuhl zusammengesunken vor, völlig erschöpft von der Anstrengung. Und zum ersten Mal sprach sie offen mit mir. »Dein Vater hat den Verstand verloren; er ist verrückt nach dieser glotzäugigen Hure«, sagte die Königin verbittert. »Er wird alles tun, um sie zu bekommen. Doch ich werde nicht nachgeben. Nicht meinetwegen, oh nein. Für dich muss ich stark bleiben! Ich werde nichts tun, absolut nichts, was deinen Anspruch auf den Thron gefährden könnte. Wenn ich den Forderungen deines Vaters nachgebe, wirst du zum Bastard erklärt werden, und das macht es für dich unmöglich, den Thron zu erben. Eher sterbe ich, als dass ich seinen Forderungen nachgebe! Du musst Königin werden, Maria, ganz gleich, was es mich kosten wird. Eines Tages wirst du die Krone Englands tragen und dein Volk regieren. Und dafür bin ich bereit, mein Leben zu geben.«

Ich sank neben meiner Mutter auf den Boden und nahm ihre Hand in meine. »Liebste Mutter, ich will nicht Königin werden!«, rief ich verzweifelt aus und in diesem Augenblick meinte ich es auch so. »Gewährt meinem Vater, dem König, seinen Willen, damit wir in Frieden leben können, du und ich.«

Königin Katharina war mit einem Satz auf den Beinen. »Maria, sag das nie wieder, ich befehle es dir! Schwäche zu zeigen kommt nicht in Frage. *Du wirst Königin werden!* Aber wir werden darum kämpfen müssen. Wir sind von Feinden umgeben; und was noch schlimmer ist, wir wissen nicht, wer Freund ist und wer Feind. Du darfst niemandem trauen, mit Ausnahme von Salisbury. Dass sie vertrauenswürdig ist, dafür stehe ich mit meinem Leben ein. Und jetzt geh! Reise sofort ab, ehe ich meine Entschlossenheit verliere! Der König hat mir befohlen, schon wieder umzuziehen, diesmal nach More. Doch unsere Trennung darf uns nicht schwächen. Mit Gottes Hilfe werden wir uns behaupten.«

Sie klang so stark, so tapfer! Ich wusste, wie wenig ihr More gefiel, ein düsteres Jagdschloss hoch im Norden in Hertfordshire. Ich küsste die Hand meiner Mutter. »Ich werde tun, wie Ihr befehlt«, sagte ich und wünschte, ich könnte ihren Kummer lindern. In diesem Moment hasste ich meinen Vater. Welche Schmerzen er meiner Mutter zufügte, konnte ich ihm nicht verzeihen. Ihre Worte hatten mich zutiefst erschreckt. Würde er seine Drohungen wirklich wahr machen? Würde er sich wirklich von meiner Mutter scheiden lassen? Das war fast unvorstellbar.

Als ich in meine Gemächer zurückkehrte, wartete Salisbury mit einer noch schrecklicheren Nachricht auf mich: Aus London wurde der erste Fall des schrecklichen Schweißfiebers gemeldet. Ein Page überbrachte mir eine Notiz des Königs, dass ich so schnell wie möglich abreisen solle. Es war das einzige Schreiben, das ich während meines gesamten Osteraufenthalts von ihm erhalten hatte. Der Junge, der die Notiz überbrachte, sah selbst ganz bleich aus. Salisbury hatte schon zu packen begonnen.

Dreimal schon war London, ja das gesamte Königreich, von dem Schweißfieber befallen worden und jede Epidemie war schlimmer gewesen als die davor. Tausende von Menschen waren ihnen zum Opfer gefallen. Im Gegensatz zu anderen Krankheiten, die hauptsächlich die Alten und Schwachen befielen, raffte das Schweißfieber Erwachsene in den besten Jahren dahin. Nach dem Auftreten der ersten Symptome trat der Tod normalerweise innerhalb weniger Stunden ein. Die Priester sagten, dies wäre die Strafe für unsere Sünden.

Bei Sonnenaufgang war mein Gefolge bereit zum Aufbruch. Ich eilte noch einmal in die Gemächer der Königin, um meiner Mutter ein letztes Mal Lebwohl zu sagen, aber sie war schon fort. Doch es gab keine Zeit für langes Bedauern. Der ganze Palast war in Aufruhr. Der König hatte angeordnet, dass in jedem Raum Kohlenbecken brennen mussten; in der Luft lag ein beißender Geruch, weil alle Fußböden mit Essigwasser aufgewischt wurden. Wir sollten die Reise stromaufwärts auf der königlichen Barke antreten und mussten uns wegen der Flut beeilen.

Eine fieberhafte Angst hatte die große Stadt mit ihren siebzigtausend Seelen gepackt und alle Straßen, die aus London hinausführten, waren verstopft von Menschenmassen, die vor der Seuche flohen. Salisbury und ich waren auf der Barke in Sicherheit und wir verschlossen unsere Ohren vor dem Lärm der Totenglocken, die die wachsende Zahl von Opfern verkündeten. Der junge Page von gestern Abend würde aller Wahrscheinlichkeit auch bald unter ihnen sein.

Wenn diese schreckliche Geißel die Strafe für unsere Sünden ist, wie die Priester behaupten, wird sie sicherlich auch Lady Anne dahinraffen, die größte Sünderin unter der Sonne, dachte ich, während die Ruderer mit gebeugtem Rücken dasaßen und sich abrackerten, um uns aus der übervölkerten Stadt aufs Land und in die relative Sicherheit von Richmond zu bringen. Ich bekam nicht einmal Gewissensbisse, dass ich so etwas Böses gedacht hatte.

Kaum zwei Tage waren vergangen, als ich Kopfschmerzen bekam. Das war an sich nichts Ungewöhnliches, Kopfschmerzen hatte ich häufiger. Doch die Schmerzen wurden schlimmer und ich bekam auch Fieber und Beklemmungen in der Brust. Innerhalb weniger Stunden warf ich mich in meinem Bett hin und her, umklammerte meinen Kopf und stöhnte vor Schmerzen. Der Schweiß rann mir aus den Achseln und aus der Leistengegend, meine von dem giftigen Schweiß feuchten Haare lagen stumpf auf dem Kissen. Weil ich immer wieder für eine Zeit lang das Bewusstsein verlor, bemerkte ich nicht, was geschah; Salisbury erzählte es mir später.

Während ich krank darnieder und vielleicht sogar im Sterben lag, gingen die Bediensteten in meiner Schlafkammer aus und ein. Salisbury saß an meiner Seite und weigerte sich, mich mehr als ein paar Momente aus den Augen zu lassen. Mein Leibarzt, Dr. Butts, schritt am Fuß meines Bettes auf und ab, rang die Hände und blickte besorgt drein.

Schließlich beschloss er mich zur Ader zu lassen. Ich war so schwach, dass ich nicht bemerkte, wie mir mehrere Blutegel auf die Arme und Beine gesetzt wurden.

Er befahl, dass ich in mehrere Decken gewickelt werden sollte, mit heißen Kohlen gefüllte Messingwärmflaschen wurden dazwischen geschoben, weil er glaubte, dass die Hitze das Fieber vertreiben würde.

Dann ordnete er noch an, dass ich nichts zu essen bekommen sollte, um die Krankheit auszuhungern.

Außerdem sollte Salisbury dafür sorgen, dass ich rund um die Uhr wach bliebe, denn wenn ich einschliefe, würde ich vielleicht nie mehr aufwachen.

Eine elende Nacht folgte auf jeden elenden Tag. Trotz größter Anstrengungen von Dr. Butts und seinen Assistenten schwebte ich in einer Art Traumwelt und rief immer wieder nach meiner Mutter. Wann immer ich mühsam die Augen öffnete, sah ich Salisbury über mir, die meine trockenen, aufgesprungenen Lippen mit einem mit Kräuterwasser angefeuchteten Tuch benetzte. Dann schloss ich die Augen wieder und stellte mir vor, meine Mutter sei bei mir, doch das Bild verblasste rasch wieder. Über eine Woche lang schwebte ich zwischen Leben und Tod.

Mit einem Mal war das Fieber verschwunden. Ich verlangte nach Essen und aß voller Appetit, als Salisbury mir etwas Hackfleisch und Weizenbrei erlaubte. Danach fiel ich in einen ruhigen, traumlosen Schlaf, wachte wieder auf und aß und schlief wieder ein.

»Ist meine Mutter gekommen?«, fragte ich.

Salisbury schüttelte den Kopf. »Der König hat es verboten«, antwortete sie brüsk.

»Vielleicht aus Angst, dass sie auch krank werden könnte.«

»Vielleicht.«

»Und Reginald?«, fragte ich mich schwacher Stimme.

»Er ist am Aschermittwoch nach Rom zurückgereist, habt Ihr das vergessen?«

In der Tat. Ich schien alles vergessen zu haben.

Meine Beine waren noch so schwach, dass mir schwindlig wurde und ich fast zusammenbrach, als ich die ersten Schritte machen wollte.

Salisbury saß weiterhin treu an meiner Seite und las mir aus Malorys *Morte d'Arthur* vor, Geschichten über den legendären König Artus und seine Ritter der Tafelrunde. Ich lag in meinen Kissen und hörte andächtig zu, während Salisbury mit rhythmischer Stimme die Welt der Sagen zum Leben brachte.

Meister Vives würde so großen Müßiggang niemals erlauben, dachte ich; er würde schreien und stampfen und mir das verbotene Buch mit seinem Stock mit dem Silberfuchskopf aus der Hand schlagen. Ich liebte Salisbury dafür, dass sie es wagte, sich seinen Verboten zu widersetzen, aber ich machte mir auch Sorgen, dass mein Hauslehrer es herausfinden und uns beide dafür bestrafen könnte.

»Lies weiter, Salisbury«, bettelte ich. »Aber wir müssen aufpassen, dass Meister Vives es nicht erfährt.«

Die Gräfin machte das Buch zu und faltete ihre Hände darauf. »Meister Vives wurde vom Schweißfieber dahingerafft«, sagte sie. »Wir hatten viele Opfer, darunter auch Vives. Seine Seele verließ seinen sterblichen Körper vor vierzehn Tagen, als Ihr selbst schwer krank wart. Wir betrauern sein Verscheiden, aber wir danken Gott, dass er Euch verschont hat, Madam.«

»Er ist tot?«, fragte ich und setzte mich auf. »Meister Vives ist tot?«

»Jawohl, Madam.«

Ich sank in meine Kissen zurück. Nie wieder würde ich von Vives gequält werden! Eine Woge der Erleichterung durchflutete meine Brust, doch ich hütete mich, mir meine Gefühle anmerken zu lassen. Ich würde sie bei der nächsten Beichte gestehen, wenn ich hinter der Zwischenwand kniete und dem Priester meine Verfehlungen gegenüber Gott und meinen Mitmenschen gestand.

»Bekomme ich jetzt einen neuen Hauslehrer?«, fragte ich mit – wie ich hoffte – betrübter Stimme.

»Wolsey kümmert sich darum«, antwortete Salisbury.

Ich seufzte. Die Erleichterung, die ich gerade verspürte, würde vermutlich nicht lange andauern.

Die Tage verstrichen, während ich langsam wieder zu Kräften kam. Lady Susan kam mich besuchen und brachte mir ein Sträußchen Frühlingsblumen. Ich begann mit Susan und Winifred kurze Spaziergänge zu machen. Je kräftiger ich wurde, desto weniger konnte ich es erwarten, wieder auszureiten. Ich wollte meinen Falken wiedersehen, Noisette, die bald in die Mauser kommen würde. Und noch mehr brannte ich darauf, Peter wiederzusehen. Ich war seit letztem Spätwinter nicht mehr mit ihm ausgeritten und hatte ihn auch nicht mehr gesehen.

Eines warmen Nachmittags schlüpfte ich aus dem Palast, begleitet von Susan und Winifred, und eilte zu den Falkenkäfigen. Doch statt der üblichen Aktivitäten auf dem Abrichtplatz fanden wir eine düstere Stimmung vor. Peters Vater, der Gehilfe des königlichen Falkners, nahm sich die Mütze ab und beugte ein Knie, als ich mich ihm näherte. Ich begrüßte ihn, bat ihn sich zu erheben und erkundigte mich nach seiner Gesundheit. Doch da quollen Tränen aus seinen Augen und tropften über seine wettergegerbten Wangen.

»Mir geht es gut, Euer Hoheit«, sagte er, »und ich bin erfreut, dass auch Ihr wieder auf den Beinen seid und gesund und munter ausseht. Doch leider hat mir das

Schweißfieber meinen Sohn Peter genommen. Oh, es war eine schreckliche Zeit. Sein Grab auf dem Friedhof ist noch ganz frisch.« Der arme Mann wischte sich mit dem Ärmel die Nase ab.

»Das tut mir aufrichtig Leid«, gelang es mir, zu stammeln, ehe mich verstört abwandte. Ich hatte Mühe, meine eigenen Tränen zurückzuhalten. Ich hatte meinen getreuen Freund verloren. Dann wandte ich mich mit unbewegter Miene wieder an den Falkner, doch meine Stimme verriet meine Gefühle. »Ich bin gekommen, um nach meinem Falken zu sehen«, sagte ich.

Der Falkner führte mich zu den Käfigen, wo Noisette ruhig auf einem Holzstamm thronte. »Er ist schon in die Mauser gekommen«, sagte er. »Den ganzen Sommer wird er nichts anderes tun, als ruhig hier zu sitzen, bis ihm ein neues Federkleid gewachsen ist. Im Herbst braucht er dann ein bisschen Training, damit er sich wieder an die Jagd gewöhnt. Das Training war Peters Aufgabe. Er war so gut zu den Vögeln, so geduldig.« Seine Stimme versagte.

Ich berührte den Mann zum Abschied an der Schulter und drehte mich dann um. »Kommt«, sagte ich und deutete den Ladys an, mir zu folgen. »Wir holen ein paar Rosen aus dem Palastgarten und legen sie auf Peters Grab.«

Ich ließ mir vom Gärtner ein kleines silbernes Messer und einen Korb bringen. Er machte Anstalten, die Rosen für mich zu schneiden, doch ich winkte ab. »Danke, aber ich möchte es selbst tun.«

»Passt auf, dass die Dornen Euch nicht stechen, Euer Hoheit«, sagte der Gärtner besorgt.

Eine nach der anderen schnitt ich zarte weiße Blüten ab

und legte sie in den großen Korb. Dann wand ich die dornigen Stängel zu einem Kranz. Susan und Winifred versuchten mir zu helfen, doch ihre Bemühungen geschahen nur halbherzig und sie schrien jedes Mal auf, wenn sie einen Dorn auch nur streiften. Schließlich gaben sie auf und überließen die Aufgabe mir.

Als der Kranz fertig war, waren meine Hände und Handgelenke verkratzt und blutig und auch meine Röcke hatten Risse. »Nun werde ich den Kranz auf den Friedhof bringen und auf Peters Grab legen«, sagte ich zu meinen Begleiterinnen.

»Das kann doch eine von uns machen«, sagte Susan. »Ihr wart schwer krank. Ihr solltet Euch noch nicht zu viel zumuten.«

Doch ich lehnte Susans Angebot ab und gab nur insoweit nach, als ich ihr gestattete, den Kranz zu tragen. Wolken hatten sich mittlerweile vor die Sonne geschoben und es war kalt geworden. Winifred bot mir ihren Schal an, doch auch das lehnte ich ab. Der Himmel hatte sich verdunkelt und erste Nebelschwaden tauchten auf.

Wir blieben am Tor in der Steinmauer stehen und warfen einen Blick auf den Friedhof. Braune Erdschollen lagen um dutzende frischer Gräber herum. Ich näherte mich den beiden Totengräbern, die mit ihrer Arbeit innehielten und ihre Mützen abnahmen, als sie mich erkannten. »Ich suche das Grab von Peter, dem Sohn des Falkners«, sagte ich.

Sie zeigten auf einen der frischen Erdhügel. »Da liegt er«, murmelte einer von ihnen.

Der Nebel verdichtete sich und ein leichter Nieselregen hatte eingesetzt. Ich nahm Susan den Kranz aus den Händen und legte ihn behutsam auf den Erdhügel. Während meine beiden Begleiterinnen in ihren dünnen Sommergewändern zitterten, kniete ich mich auf den feuchten Boden und sprach ein Gebet für die Seele von Peter, meinem allzu früh verschiedenen Freund.

Als wir schon im Begriff standen, den Friedhof wieder zu verlassen, kam mir plötzlich ein Gedanke und ich ging erneut zu den Totengräbern. »Und Meister Vives? Wo fand er seine letzte Ruhestätte?« Wieder deuteten sie auf ein Grab. Ich kehrte an Peters Grab zurück und zog eine einzelne Rose aus dem Kranz, die ich auf dem Grab von Juan Luis Vives niederlegte. Mein Gebet für die Seele meines Hauslehrers war zwar kurz, doch mein Latein war untadelig.

Salisbury schnalzte missbilligend mit der Zunge, als ich erschöpft in die königlichen Gemächer zurückkehrte, mit zerrissenen, schmutzigen Kleidern und zerzausten Haaren. All meine Kraft war dahin und ich ließ mich auf mein Bett fallen.

Für eine weitere Woche lag ich schlaff und teilnahmslos zwischen den Kissen. Körperlich ging es mir wieder recht gut, doch meine Betrübnis über Peters Tod war groß.

Am siebten Sonntag nach Ostern erschallten die Festglocken zur Feier des Pfingstfests. Das Niederkommen des Heiligen Geists in Gestalt von Feuerzungen auf Jesus' erstaunte Jünger war traditionsgemäß ein Anlass zum Feiern und Tanzen, doch dieses Jahr erreichte mich keine Einladung nach Greenwich. In London wütete noch immer das Schweißfieber. Der Tod hatte sein hässliches Ge-

sicht in jeder Familie gezeigt und noch gab es keine Anzeichen für ein Abklingen dieser grausamen Geißel. Mein
Vater, so hatte ich gehört, war in einem Landsitz fern der
Stadt in Sicherheit. Auch meine Mutter war der Krankheit entkommen. Es gab Gerüchte, dass Anne Boleyn erkrankt war, doch sie gehörte nicht zu denen, die daran
starben. Wie viel besser für uns alle wäre es gewesen,
wenn sie doch gestorben wäre!

Mein neuer Hauslehrer war angekommen.
Von meinem Fenster aus sah ich ihn mit zwei Bediensten in den Schlosshof reiten. Er schien ein Mann in mittleren Jahren zu sein, kurz und stämmig, und seine kräftigen
Beine umspannten den Pferderücken, um überhaupt bis
zu den Steigbügeln zu reichen. Als er in meine Privatgemächer geleitet wurde, näherte er sich mir mit einem Lächeln und fiel ungeschickt auf ein Knie. Seine Kleidung
war abgetragen und grau, nicht viel besser als die seiner
beiden Diener. Als ich ihm gebot, sich wieder zu erheben,
fiel mir auf, dass er sogar noch kleiner war als ich. Sein
Name lautete John Fetherston.
»Mir wurde berichtet, dass Euer Hoheit in den alten Sprachen unterrichtet wurde«, sagte Meister Fetherston auf
Latein. Ich antwortete ihm ebenfalls auf Latein. Er wechselte zu Altgriechisch, das ich etwas weniger gut beherrschte, doch ich brachte eine Antwort zu Stande. Wieder lächelte er und seine vollen Wangen erinnerten mich
an die rosafarbenen Engelchen auf Gemälden. Ich betrachtete ihn mit einem gewissen Misstrauen; welche
Launen und Verrücktheiten mochten sich wohl hinter seinen fröhlichen Augen verbergen? Ich hatte mich noch im-

mer nicht ganz von Meister Vives' Eigenarten und Verrücktheiten erholt.

»Vielleicht kann jeder von uns vom anderen etwas lernen«, sagte mein neuer Hauslehrer und beugte sich über seinen runden Bauch. Seine Stimme klang ruhig und angenehm.

In den folgenden Wochen rechnete ich unablässig damit, dass der neue Lehrer losbrüllen würde, wenn ich einen Fehler machte, oder einen Gehstock oder ein anderes Foltergerät hervorzöge, um mich zu erschrecken. Doch wie es schien, passte sein freundliches Naturell zu seinem sanften, engelhaften Aussehen. Er enthüllte nur eine einzige, dafür aber umso interessantere Angewohnheit: Wenn ihm etwas missfiel, runzelte er die Stirn, wobei er die linke Augenbraue nach unten zog, während sich die rechte fast bis zum Haaransatz wölbte. Das war eine so lustige Eigenart, dass ich manchmal absichtlich einen kleinen Fehler machte, nur um in den Genuss dieses Anblicks zu kommen.

KAPITEL VIII

EIN BESUCH DES KÖNIGS

Es war im Spätsommer, als der Bote des Königs eintraf, und an jeder Hecke und in jedem Garten blühten Veilchen, Schlüsselblümchen, Akeleien und Primeln. Ich konnte kaum glauben, was ich da las, obwohl ich natürlich das königliche Siegel und die großen Buchstaben der königlichen Unterschrift erkannte – *H. Rex.*

So schnell ich konnte, rannte ich mit der Neuigkeit zu Salisbury. »Mein . . . mein Vater kommt!«, stammelte ich außer Atem. »Seine Jagdgesellschaft ist in der Nähe und er wünscht mich zu sehen.«

Salisbury teilte den Köchen mit, dass sie ein Festmahl vorzubereiten hätten, während ich meiner Garderobenzofe auftrug, ein angemessenes Gewand für mich auszusuchen.

Lady Julia rang die Hände. »Aber Madam«, sagte sie, »aus den meisten Eurer Kleider seid Ihr herausgewachsen, und die wenigen, die wir abändern können, sind schon sehr abgetragen.«

»Der König hat doch sicherlich irgendwann Geld für neue geschickt, nicht wahr?«

»Nein, Madam, wir haben nie Geld erhalten. Der König scheint vergessen zu haben, dass es in der Natur der Sache liegt, dass junge Mädchen größer und kräftiger werden. Aber«, fuhr Lady Julia fort, »ich werde mein Bestes tun, um Euch wie eine wahre Prinzessin zu kleiden.«

In der Nacht vor dem Besuch des Königs schlief ich nur wenig. Allerdings schlief ich nie sehr tief; schon die leiseste Aufregung ließ mich oft die halbe Nacht wach liegen. Und dies war das erste Mal, dass der König mich in meinem Palast besuchen kam. Immer war ich zu *ihm* gerufen worden. Bei Sonnenaufgang war ich schon fertig angekleidet und bereit.

Lady Julia hatte wahre Wunder vollbracht, indem sie an meinem alten bernsteinfarbenen Samtkleid die Nähte herausgelassen und Streifen angesetzt hatte, um das Rockteil zu verlängern. Den ganzen Morgen wartete ich auf meinen Vater und schritt unruhig die lange Galerie im Obergeschoss des Palasts auf und ab, in der Hoffnung, meinen Vater mit seiner Jagdgesellschaft heranreiten zu sehen. Dann endlich sah ich seine grün-weißen Banner, die von den Pagen getragen wurden, im Wind wehen. Im gleichen Augenblick kamen einige meiner Pagen, die ich ausgeschickt hatte, um der Jagdgesellschaft entgegenzugehen, atemlos mit der Nachricht hereingestürmt: »Der König kommt! Und Lady Anne!«

Das verschlug mir die Sprache. Ich gab den Pagen ein Zeichen, sich zurückzuziehen, und versuchte angestrengt, meinen Ärger unter Kontrolle zu bringen. Wie kann er es wagen, dieses schändliche Weib mitzubringen! In diesem Augenblick tauchte die Gräfin auf. »Madam, Euer Vater wird gleich da sein. Seid Ihr bereit, ihn zu empfangen?«

»Ich bin bereit, den König zu empfangen. Aber, Salisbury, er hat diese schreckliche Frau bei sich!«, rief ich empört aus. »Muss ich sie ebenfalls empfangen?«

Salisbury riss den Mund auf. »Lady Anne begleitet ihn? Das kann nicht wahr sein!«

»Die Pagen haben es mir soeben berichtet.«

»Sie müssen sich irren! Ich kann nicht glauben . . .« Plötzlich verstummte sie. »Kopf hoch, Maria. Ihr seid eine Tudor. Zeigt Eure Tapferkeit. Gehen wir nach unten!«

König Heinrich betrat die große Halle, wobei er die ihn begleitenden Ritter, Jäger und Bediensteten wie immer überragte. Mit Händen kalt wie Eis, trotz des warmen Wetters, ging ich ihm entgegen. Die Menge teilte sich vor mir. Meine Augen huschten umher, auf der Suche nach Anne Boleyn.

»Ah, Maria, meine Perle, mein Schatz!«, dröhnte der König.

Sofort fiel ich auf die Knie. »Euer Majestät«, murmelte ich. Waren das Annes Schuhe, die ich neben den seinen erblickte? Doch als mein Vater mich wieder auf die Beine zog, sah ich nur seine blauen Augen und sein trauriges Lächeln. Sein Gesicht hatte eine ungesunde Röte und er schien zugenommen zu haben. Trotzdem fand ich, dass er wie immer gut aussah!

»Willkommen, Euer Majestät«, sagte ich mit trockener Kehle. »Wir haben ein Mahl für Euch vorbereitet, doch da uns die Kunde Eures Besuchs erst vor kurzem erreicht hat, fürchte ich, es ist nur ein bescheidenes Mahl . . .«

»Ich bin nicht gekommen, um zu feiern, Tochter«, sagte König Heinrich. »Wir wollen uns unter vier Augen unterhalten, während die anderen speisen.«

Zitternd ging ich voraus zu meinem Privatgemach. Was wollte er mir sagen? Anne hatte ich zwar noch nicht erblickt, doch das verschaffte mir keine Erleichterung. Ich wartete, während der König für uns Brot, Fleisch und Ale bestellte. Nachdem es uns gebracht worden war, brach er ein Stück von dem Laib ab und tunkte es in die dicke Bratensoße. Ich saß reglos da, unfähig auch nur einen Bissen zu mir zu nehmen, denn ich fürchtete mich vor dem, was mein Vater mir mitteilen würde.

Schließlich blickte er mich mit kalten Augen an und sagte: »Ich will ganz offen reden. Ich habe mich entschlossen, mich von deiner Mutter scheiden zu lassen. Die Heilige Schrift beweist, dass ich nicht anders handeln kann. Der Papst hat einen Gesandten aus Rom geschickt, der den Fall mit Wolsey debattiert. Deine Mutter und ich haben uns an den Rat der Kirchenherren gewandt und unsere Differenzen dargelegt. Es besteht nicht der geringste Zweifel, dass ich im Recht bin! Die Hochzeit ist ungültig; Katharina war einst mit meinem Bruder vermählt. Doch deine Mutter ist eine störrische Frau. Sie verließ die Versammlung und weigerte sich sogar zurückzukommen, als sie gerufen wurde. Ließ ihren Ehemann und König stehen und sogar den Vertreter des Papstes! Ich hatte Mühe, meinen Ärger im Zaum zu halten. Ich habe sie gebeten, freiwillig in ein Nonnenkloster zu gehen, dort könnte sie ein angenehmes Leben ganz nach ihrem Geschmack führen. Aber nein, sie weigert sich! Maria, deine Mutter wird in dieser Angelegenheit *nicht* das letzte Wort haben! Du musst verstehen, dass ich es nicht meinetwegen tue, sondern zum Wohle Englands. Ich muss einen Sohn haben, einen männlichen Erben, den deine Mutter mir nicht zu schenken vermochte.«

Während mein Vater weiter- und weiterredete, versuchte ich, mein Gesicht so ausdruckslos wie möglich zu halten.

In meinem Inneren jedoch herrschte Aufruhr. Wie er lügt!, dachte ich, vor Zorn brodelnd, obwohl ich natürlich nichts zu sagen wagte. Mir war klar, dass alles von meinem Schweigen abhing und davon, dass ich die Fassung bewahrte. Schließlich wagte ich es, die Frage zu stellen, die mir auf der Zunge brannte: »Würdet Ihr mich damit zu einem Bastard erklären, Euer Majestät?«

Wütend sprang der König auf. »Was für einen Unterschied macht das für dich, Maria? Du bist eine Frau und nicht dazu geeignet, England zu regieren! Und das Volk dieses Landes wird es niemals dulden, dass ein Fremder als dein Gemahl an deiner Statt regiert. Du bist so halsstarrig wie deine Mutter und ich verfluche euch beide!«

König Heinrich schlug mit der Faust auf den Tisch, dass das Geschirr klirrte. »*Ich – muss – einen – Sohn – haben!*«, brüllte er.

Mit einer wütenden Handbewegung fegte er über den Tisch und die Becher, die bauchige Weinflasche, die Teller, das Salzfässchen – alles fiel herunter und landete klirrend auf dem Boden. Mein Samtkleid wurde bespritzt. Erschrocken sprang ich auf und schlug mir die Hand vor den Mund, um keinen Schrei auszustoßen. Mein Vater stürmte aus dem Raum. Unter der Tür wandte er sich noch einmal kurz um. »Einen schönen Tag noch, Madam«, bellte er, ehe er die dicke Holztür hinter sich zuschlug.

Ich stand wie betäubt da und starrte auf den Scherbenhaufen und mein ruiniertes Gewand. »Ich bin kein Bastard«, flüsterte ich, am ganzen Leibe zitternd. In dieser Verfassung fand Salisbury mich vor. Sie rief die Dienstboten, um die Unordnung aufzuräumen.

Später an diesem Tag verfolgte ich von der Galerie aus, wie die königliche Jagdgesellschaft davonzog. Neben König Heinrich auf seinem großen weißen Wallach ritt eine Frau auf einer schwarzen Stute. Sie war in Schwarz und Silber gekleidet, ihre langen, schwarzen Haare fielen offen auf ihre Schultern, als wäre sie ein junges Mädchen. Ihr sprödes Lachen drang bis zu mir herauf, während ich wütend den steinernen Fenstersims umklammerte.

»Ich bin kein Bastard!«, rief ich ihnen nach. *»Ich bin kein Bastard!«* Doch der Wind trug meine Worte mit sich fort.

In großer Angst erwartete ich meine Bestrafung. Ich hatte den König noch nie so wütend gemacht und konnte mir nicht vorstellen, wie er reagieren würde. Nicht zu wissen, *wann* mich die Strafe ereilen würde, war fast noch schlimmer, als nicht zu wissen, welches Schicksal mir blühte.

Salisbury versuchte mich zu trösten. »Sein Zorn richtet sich nicht gegen Euch persönlich, Maria, sondern dagegen, dass Ihr die Tochter Eurer Mutter seid.«

Doch das war nur ein schwacher Trost.

Die Tage und Nächte vergingen langsam, während ich wartete und wartete und mir Sorgen machte. Was war das Schlimmste, was er mir antun konnte? Von meiner Mutter hatte er mich schon getrennt; der einzige Mensch, der mir noch am Herzen lag, war Salisbury. Was, wenn der König sie mir wegnähme und ich ganz alleine gelassen wäre, ohne jemanden, der sich um mich kümmerte? Ich schlief nur wenig und aß fast nichts mehr.

Dann endlich kam ein Botschafter Wolseys an. Mein Vater hatte sich nicht einmal die Mühe gemacht, mir persönlich zu schreiben. Ich wagte kaum zu atmen, als Salisbury mir das Schreiben vorlas. Darin stand, dass ich Richmond verlassen und nach Beaulieu ziehen musste, einem anderen königlichen Palast, zwei Tagesreisen östlich von London gelegen.

»Sonst nichts?«, fragte ich Salisbury vorsichtig.

»Doch, Madam, da wäre noch etwas. Es ist Euch nicht länger erlaubt, Eurer Mutter zu schreiben oder Briefe von ihr zu empfangen.«

»Ich darf ihr nicht mehr schreiben? Wie kann er mir das antun?«, rief ich empört aus, obschon ich die Antwort natürlich kannte: *Weil er der König ist.*

Dann tat Salisbury etwas sehr Ungewöhnliches: Sie nahm mich in den Arm. »Wir werden schon einen Weg finden, Madam«, murmelte sie.

Ich dankte dem Himmel für Salisbury! Wenigstens sie hatte ich noch. Aber ich spürte tief in meinem Herzen, dass mit meinem Wegzug von Richmond das Kapitel meines Lebens als Prinzessin zu Ende ging. Ich war nicht länger des Königs wertvollste Perle der Welt, die Zierde von ganz England. Und ich wusste ganz genau, wem ich das zu verdanken hatte: Anne Boleyn. Lady Anne hatte den König gegen mich aufgestachelt.

Die Nächte wurden kühler. Die Mauserung würde bald vorüber sein und die Falken wieder bereit für die Jagd. Als die Möbelstücke und anderen Sachen meines Haushalts eingepackt und auf Karren verladen waren, machte ich einen letzten Besuch auf dem Falkenhof. Ein Bursche, den ich nicht kannte, fegte den Hof. Als ich näher trat, nahm er hastig seine Mütze ab und umklammerte sie mit nervösen Fingern.

»Ich bin gekommen, um Noisette zu sehen«, sagte ich.

Der Bursche machte eine Kopfbewegung, verschwand im Inneren des Falkengeheges und kam mit meinem Merlin auf der behandschuhten Faust zurück. Wie wunderschön sie aussah in ihrem neuen Federkleid! »Werdet Ihr sie nach Beaulieu mitnehmen, Euer Majestät?«, fragte der Bursche.

»Nein«, antwortete ich brüsk und zog meinen Falkenhandschuh an. Ich hatte eine Entscheidung getroffen, die mir wahrlich nicht leicht gefallen war, doch ich wollte sie diesem fremden Burschen nicht erklären. Ich stieß den dreifachen Pfiff aus, den Peter mir beigebracht hatte. Ohne zu zögern, erhob sich Noisette von der Faust des Burschen und flog auf die meine. Durch das dicke Leder spürte ich den Zugriff ihrer scharfen Krallen. »Bring mir ihre Glöckchen und die Haube!«

Der Bursche schien etwas verlegen. »Ihr plant, mit ihr jetzt auf die Jagd zu gehen, Madam? Sie ist nicht hungrig genug, um im Moment zu jagen. Vielleicht nehmt Ihr besser einen anderen Vogel. Dieser hier wird wegfliegen.«

»Ich verstehe«, sagte ich. »Tu, wie ich gesagt habe.«

Der Bursche gehorchte.

Sorgfältig machte ich die Leine ab, die an den seidenen Fußriemen des Vogels befestigt war. Dann löste ich die Fußriemen. Mein Falke stand nun frei auf meiner Hand und bemerkte noch nichts von seiner Freiheit. Ich machte ein paar Schritte. Noisette starrte mich mit ihren funkelnden gelben Augen an. »Leb wohl, Noisette«, murmelte ich, hob die Hand und warf den Vogel in die Luft.

Der Merlin spannte seine Flügel, stieß sich ab und glitt in die Luft. Nach ein paar wenigen kräftigen Flügelschlägen segelte er hoch über meinem Kopf. Er zog einen Kreis und flog dann auf die Spitze eines nahen Baums.

Der rotbäckige Bursche kam angelaufen. »Genau das hatte ich befürchtet, Euer Majestät. Versucht, ihn mit einem Pfiff zurückzulocken«, schlug er dann vor.

»Nein«, sagte ich. »Er wird nicht zurückkommen.«

Ich nahm die Glöckchen und die Haube aus den Händen des erstaunten Burschen und ging zum Friedhof. Auf den neuen Gräbern war rasch Gras gewachsen. Ich fand das eine mit dem kleinen Holzkreuz, auf das Peters Name eingraviert war, und hängte die silbernen Glöckchen daran.

»Adieu, Peter«, flüsterte ich leise.

CHAPUYS KOMMT, WOLSEY TRITT AB

Während die Bediensteten meine Besitztümer in die königlichen Gemächer einräumten, erforschte ich Beaulieu.
Ich schaute mir die Küchenräume an und blickte an den
verrauchten Balken der großen Halle hinauf. Ich legte
fest, wo Lady Susan, Lady Winifred und einige der anderen, die mich begleitet hatten, sich einquartieren sollten,
und wählte einen gemütlichen kleinen Raum aus, wo ich
meine Tage mit Meister Fetherston und den anderen
Lehrern mit Studien zubringen würde.

An meinen Vater versuchte ich so wenig wie möglich zu
denken, doch nachts, wenn ich im Bett lag, hallten seine
verärgerten Worte in meinem Kopf wider und ich hörte
auch Annes frostiges Lachen.

Ich machte mir Sorgen um meine Mutter. Wie versprochen, hatte Salisbury es uns möglich gemacht, gelegentlich geheime Botschaften auszutauschen. Doch die
Schreiben meiner Mutter stürzten mich in immer größere Verwirrung, weil sie viele Dinge ungesagt ließen.

An einem kühlen, unfreundlichen Tag im November, als
der zinnfarbene Himmel tief hing, saßen meine Ladys
und ich über unsere Näharbeiten gebeugt. Salisbury hatte festgestellt, dass die Wandbehänge im Altarraum der
Kapelle verschlissen und verblasst waren, und deshalb

hatte sie meine Zofen damit beauftragt, feines Leinen zu besticken, während Salisbury selbst für den kommenden Advent eine neue Altardecke aus lila Seide bestickte.

»Wir erwarten einen Besucher«, sagte Salisbury auf einmal. Sie machte eine Pause, um einen Faden aus dem Strang zu ziehen, den sie sich um den Hals gehängt hatte, und ihn einzufädeln.

Ich blickte von dem Kniekissen auf, das ich für den Priester bestickte. »Einen Besucher?« Einen Moment lang hoffte ich, es könnte Reginald Pole sein, der möglicherweise aus Rom zurückgekehrt war. Doch augenblicklich wurde mir klar, dass ein solcher Besuch ohnehin nichts bringen würde – nicht bei der momentanen Gefühlslage des Königs. »Wer ist es?«

»Sein Name lautet Eustace Chapuys. Er ist Botschafter in offizieller Mission, geschickt von Eurem Vetter, Kaiser Karl.«

»Was wissen wir über ihn?«, erkundigte ich mich.

»Nur wenig, abgesehen davon, dass er aus Savoyen kommt, einer Provinz im Südosten Frankreichs, das zum Heiligen Römischen Reich von Kaiser Karl gehört.«

Und so setzten wir unsere Arbeit fort und warteten auf den Besucher. Tage später, inmitten eines frühen Schneesturms, kam Chapuys an. Als ich ihn zum ersten Mal sah, war er über und über mit feuchtem Schnee bedeckt. Der Schnee haftete an seinem Umhang, den Stiefeln, dem Hut, seinem Bart und sogar an seinen Augenbrauen. »Euer Majestät«, sagte der verschneite Botschafter und fiel vor mir auf die Knie. Geschmolzener Schnee tropfte auf den Fußboden neben ihm.

»Ich heiße Euch willkommen«, sagte ich zur Begrüßung. Ein wässriger Tropfen an der Spitze seiner roten Nase fiel herunter und wurde sofort durch einen neuen ersetzt.

»Vielleicht haben Euer Hoheit den Wunsch, mich auf einem Spaziergang durch die Gärten des Palasts zu begleiten?«, schlug Chapuys vor.

Ich lachte. »Bei diesem Wetter? Da jagt man nicht einmal einen Hund vor die Tür! Und Ihr selbst müsst ja völlig durchfroren sein von Eurer Reise.«

Chapuys legte den Kopf schief. Seine glänzenden schwarzen Haare und sein sauber geschnittener schwarzer Bart waren mit Silberfäden durchzogen, seine dunklen Augen waren halb verdeckt von den buschigen Brauen. Er schien mich nicht gehört zu haben. »Ich würde es als große Ehre erachten, wenn Euer Hoheit mir die königlichen Gärten zeigte, die der Schnee sicherlich in eine Märchenlandschaft verwandelt hat.« Dann fügte er so leise, dass ich es kaum hörte, noch hinzu: »Eure Mutter machte den Vorschlag.«

Ich zog die Luft ein. »Wartet im Garten neben der Kapelle auf mich«, murmelte ich.

Chapuys verbeugte sich tief und verließ mein Privatgemach. Ich rief nach einem pelzbesetzten Umhang und Lederstiefeln und machte mich gespannt auf den Weg. Dutzende von Kerzen flackerten vor der Statue der Heiligen Jungfrau Maria. Ich kniete mich davor und sprach ein kurzes Gebet. Dann zog ich mir die Kapuze meines Umhangs über den Kopf und schlüpfte zur Tür der Kapelle hinaus.

Ich eilte auf die dunkle Gestalt zu, die sich deutlich gegen den Schnee abhob und deren Gesicht im Schatten lag.

»Ihr habt Neuigkeiten von meiner Mutter?«, fragte ich atemlos.

Die Gestalt wandte sich mir zu. »Euer Hoheit, ich muss Euch bitten, etwas vorsichtiger zu sein«, sagte Chapuys. »Ihr konntet noch nicht wissen, dass ich es bin, als Ihr mir diese Frage stelltet. Eure Mutter ist in großer Gefahr, Ihr selbst vermutlich auch. Kommt, gehen wir ein paar Schritte. Dort drüben können uns nur die kahlen Bäume belauschen – und nur unsere eigenen Schritte sind unsere Begleiter. Doch es wird nicht immer so einfach sein.«

Chapuys hatte erschreckende Nachrichten. Er redete hastig und auf Französisch, während wir langsam durch den kleinen, von einer Mauer geschützten Garten schritten.

»Im Haushalt der Königin sitzt in jeder Ecke ein Spion, den Kardinal Wolsey mit der Zustimmung des Königs auf sie angesetzt hat. Wolsey selbst ist in einem schlimmen Dilemma. Der Papst weigert sich, König Heinrichs Scheidung zuzustimmen, worüber Heinrich natürlich sehr erzürnt ist. Er gibt Wolsey die Schuld.«

»Die Scheidung ist abgelehnt?« Das hatte ich nicht gewusst und ich fasste neuen Mut. »Das setzt der Sache ein Ende, nicht wahr?«

Doch Chapuys schüttelte den Kopf. »Heinrich wird alles tun, was zu tun ist, um seinen Willen durchzusetzen. Er will seine rechtmäßige Gemahlin aus dem Weg räumen, um Anne heiraten zu können. Sie übt großen Druck auf ihn aus, weil sie unter allen Umständen Königin werden will!«

Ich blieb abrupt stehen. »Königin?«, keuchte ich. »Sie will den Platz meiner Mutter einnehmen – sowohl als seine Frau als auch als Königin?«

»Anne Boleyn ist ebenso rücksichtslos wie ehrgeizig. Der König tanzt nur noch nach ihrer Pfeife.« Chapuys nahm meinen Arm und wir nahmen unseren Spaziergang wieder auf. »Euer Vetter Karl sorgt sich um Eure Sicherheit. Er hat mich als offiziellen Botschafter an Heinrichs Hof gesandt mit der geheimen Mission, alles zu tun, um Euch und der Königin beizustehen. Betrachtet mich als Euren Freund, Madam.«

Wir stießen immer wieder auf unsere eigenen dunklen Fußspuren im feuchten Schnee, während wir mit gesenkten Köpfen unsere Runden durch den Garten drehten. Ich fühlte mich ängstlich und wütend – und hilflos zugleich.

»Da gibt es noch etwas, das Ihr wissen solltet, Madam. Auch der Kardinal hat Feinde. Und der gefährlichste davon ist vermutlich Lady Anne.«

»Ich weiß von ihrer Abneigung gegen Wolsey«, sagte ich und dachte an die Unterhaltung zwischen Gelber Seide und Grünem Samt beim Kartenspielen zurück.

Chapuys zog seine buschigen Augenbrauen hoch. »Aha! Wie es scheint, beschäftigt auch Madam ihre eigenen Spione, nicht wahr?«

Ich lächelte. »Nur eine«, sagte ich. »Unglücklicherweise kann sie nicht überall gleichzeitig sein, und da ich sie stets an meiner Seite haben möchte, gibt es vieles, von dem sie nichts weiß.« Nun war es an Chapuys, zu schmunzeln.

Wir setzten zu einem neuen Rundgang durch den Garten an. »Hat Eure Spionin Euch berichtet«, fragte Chapuys, »dass Lady Anne es war, die den König gegen den Kardinal aufgebracht hat? Sie überzeugte Heinrich davon, dass Wolsey daran schuld ist, dass der Papst seine Scheidung abgelehnt hat. Und es war ein Leichtes, Heinrich davon zu überzeugen, dass der Kardinal ein aufgeblasener Dummkopf ist. Habt Ihr sein Heim, Hampton Court, schon einmal gesehen?«

»Meine Eltern nahmen mich einst mit zu ihm«, sagte ich. »Aber ich kann mich nicht an viel erinnern.«

»Ich war erst neulich im Palast des Kardinals, der nur eine Reise von wenigen Stunden stromaufwärts von London entfernt liegt. Wolsey lebt wie ein König – böse Zungen behaupten sogar, besser als Heinrich selbst. Hampton Court ist angefüllt mit wertvollen Gemälden, Wandteppichen und Möbelstücken aus Frankreich und Italien, luxuriöser als Greenwich. Doch während Heinrich dies nie störte, findet Anne es untragbar. Am liebsten würde sie ihm alles wegnehmen.

Der Kardinal besitzt eigenen Angaben zufolge fast dreihundert Betten! Er zeigte mir auch sein eigenes Bett mit den vier vergoldeten Pfosten und eingelegten Elfenbeinschnitzereien und er sorgte auch dafür, dass ich die acht Matratzen bemerkte, jede ausgepolstert mit dreizehn Pfund feinster Wolle. Und all das zusätzlich zum York-Palast, seinem Wohnsitz in London.«

»In York war ich schon einmal«, sagte ich. »Da saß er auf seinem goldenen Thron mit den goldenen Kissen.«

Chapuys seufzte. »Ich kann Euch sagen, Madam«, fuhr der Botschafter mit seinem merkwürdig akzentuierten Französisch fort, »dass die Kollektion des Kardinals an Silber- und Goldtellern wesentlich größer ist als die von König Heinrich. Das ist unklug. Der Mann feiert mit Erdbeeren mit Sahne und scheint nicht zu bemerken, wie sehr seine eigenen Bischöfe ihn hassen, dass Lady Anne ihn hasst und dass das Vertrauen des Königs, auf das er viele Jahre lang bauen konnte, nun ins Wanken geraten ist: Es ist ein offenes Geheimnis, dass Wolsey mehrere Bastardkinder gezeugt hat. Dieser Kirchenmann hat von allem auf der Welt mehr als der König! Es wird nicht mehr lange dauern, bis Wolsey aller Macht entledigt ist. Es fragt sich nur, wer sein Nachfolger werden wird. Ihr aber, Madam, müsst auf der Hut sein. Seid stets wachsam! Die Königin ist in großer Sorge um Euch.«

Bei der Erwähnung meiner Mutter wurde mir bang ums Herz. »Wann habt Ihr sie zuletzt gesehen?«

»Ich komme direkt von ihr. Sie möchte Euch wissen lassen, dass ihr Entschluss stärker ist denn je, und sie bittet auch Euch, standhaft zu bleiben.«

»Vielen Dank«, gelang es mir, zu sagen. »Und nun? Gehen wir in meine Gemächer, um uns etwas aufzuwärmen?«

Später, nachdem wir uns in trockene Gewänder gehüllt hatten, saßen wir am Feuer und ich ließ uns ein einfaches Mahl aus Hammelpastete und Glühwein servieren. Chapuys ließ es sich sichtlich schmecken, während ich viel zu besorgt war, als dass ich einen Bissen hinuntergebracht hätte. Sein Bericht hatte mich entsetzt. Alles, was ich kannte, alles, worauf ich bisher gezählt hatte, war im Wandel begriffen. So wenig ich Wolsey auch mochte – dass mein Vater sich von ihm abwandte, fand ich dennoch beunruhigend. Was würde Anne als Nächstes verlangen?

In den folgenden Tagen tat der Botschafter alles, was in seiner Macht stand, um mich von meinen Sorgen abzulenken. Er überredete mich, ihm auf dem Spinett vorzuspielen, das ich seit Wochen nicht mehr angerührt hatte. Doch mir fielen nur traurige Melodien ein.

»Vor vielen Jahren, zur Zeit unserer Verlobung, hat mein Vetter Karl mir das Schachspielen beigebracht«, erzählte ich ihm. »Würdet Ihr meine Herausforderung annehmen, Botschafter?«

»Mit Vergnügen, Madam.«

Das Schachbrett wurde gebracht und wir stellten die Figuren aus Elfenbein und Ebenholz auf dem Tischchen neben dem Feuer auf. Ich spielte sehr offensiv an und gab meine Figuren nur widerwillig her. Wir unterbrachen das Spiel für das Abendessen und nahmen es am nächsten Tag wieder auf. Doch schließlich schaffte ich es, meinen Gegner schachmatt zu setzen.

Chapuys lächelte bewundernd. »Mein Kompliment, Madam, Ihr spielt gut. Und das wird Euch auch im Spiel des Lebens gelingen. Figur um Figur, jede Position hart erkämpft, aber Ihr werdet triumphieren. Ich glaube ganz fest daran, und das müsst Ihr ebenfalls tun.«

Als sein offizieller Besuch nach acht Tagen zu Ende ging, war der frühe Schnee wieder geschmolzen und das trübe Braun des Erdbodens zeigte sich an mehreren Stellen. Chapuys ritt nach London weiter, an den Hof von König Heinrich. In seiner Tasche hatte er ein Schreiben an meinen Vater, in dem ich mich für jede Kränkung entschuldigte, die ich ihm jemals zugefügt haben sollte, und in dem ich ihn um die Erlaubnis bat, meine Mutter besuchen zu dürfen. Salisbury hatte alle Hände voll damit zu tun, die Altarvorhänge rechtzeitig für die Adventszeit fertig zu sticken, während Meister Fetherston und ich uns wieder verstärkt dem Studium der alten griechischen Philosophen widmeten.

Mein Schreiben blieb ohne Antwort. Ich erhielt keine Einladung von König Heinrich, über Weihnachten an den Hof zu kommen, kein Geschenk, nicht einmal einen Gruß. Nichts! Von meiner Mutter bekam ich einen Satz Silberlöffel, jedoch keinen Brief, wonach ich mich so sehr sehnte.

Ich verbrachte die Feiertage in der vertrauten Gesellschaft von Salisbury in Beaulieu. Ich war traurig, es gab nichts zu feiern. Die Köche bemühten sich redlich, uns ein festliches Mahl vorzusetzen, und meinen Bediensteten zuliebe bemühte ich mich, ein fröhliches Gesicht aufzusetzen. Doch es war nur gespielt.

Ein düsterer, trüber Winter ging ins Land. Im Februar wurde ich dreizehn. Ich war im heiratsfähigen Alter, doch von einer neuen Verlobung war keine Rede. Schließlich erfuhr ich den Grund hierfür zur selben Zeit wie ganz England und Europa: König Heinrich trug sich tatsächlich mit der Absicht, mich zu einem Bastard zu erklären. Im Schachspiel der königlichen Heiraten war ich wertlos geworden. Und es gab nichts, was ich dagegen hätte tun können. Ich konnte nur warten. Ich fühlte mich wie eine Gefangene in meinem eigenen Palast.

Die Monate gingen ins Land . . .

Eines Tages, wenige Monate vor meinem fünfzehnten Geburtstag traf ein Gesandter mit einem Schreiben ein, das Chapuys' Siegel trug. Sobald er sich wieder zurückgezogen hatte, brach ich das Siegel. *Wolsey ist gestorben,* las ich.

Ich starrte in die Kerzenflamme. Mein ganzes Leben lang hatte ich Wolsey verabscheut und gefürchtet. Doch gleichzeitig war er meine letzte Verbindung zu meinem alten Leben als geliebte und verwöhnte Tochter meines Vaters gewesen. Ich hielt das Pergament etwas näher an die Kerze und las Chapuys' auf Latein abgefasstes Schreiben weiter:

Der Tod muss ein Segen gewesen sein. Heinrich hatte ihm seine Protektion entzogen, ihn all seiner Ämter enthoben und die meisten seiner Besitztümer beschlagnahmt, alles auf Annes Betreiben hin. Wolsey hatte sich gezwungen gesehen, Hampton Court dem König zum Geschenk zu machen. Trotzdem wurde er wenig später des Landesverrats angeklagt und wäre vermutlich zum Tode verurteilt worden, doch kurz vor seiner Festnahme verstarb der in Ungnade gefallene Kardinal ...

Das Schreiben endete mit den Worten:

Nehmt Euch in Acht vor Thomas Cromwell, Wolseys früherem Assistenten am Gerichtshof. Der niedrig geborene Sohn eines Brauers ist kein Kirchenmann, sondern ein ehrgeiziger Politiker, weitaus unheilvoller als der arme Wolsey. Es wird gemunkelt, er habe großen Einfluss auf den König ...

Ich hielt das Schreiben über die Kerzenflamme und schaute zu, wie es langsam verglühte. Dann eilte ich in die Kapelle und kniete mich zu Füßen der Heiligen Jungfrau, um für das Seelenheil des verstorbenen Kardinals zu beten. Doch es gelang mir nicht. In den Gebeten, die ich zum Himmel schickte, flehte ich Gott vielmehr um Erbarmen mit mir selbst an.

KAPITEL X

LADY SUSAN

Und wieder kam die nächste Jahreszeit ins Land. Ich wurde fünfzehn Jahre alt. Noch immer wartete ich vergeblich auf eine Einladung an den Hof.

Alle paar Monate nahm Chapuys die Reise von London nach Beaulieu auf sich, um mir von den neuesten Entwicklungen am Königshof und vom Befinden meiner Mutter zu berichten. Es war uns inzwischen fast unmöglich geworden, selbst heimliche Briefe auszutauschen, und ich war in beständiger Sorge um meine Mutter. Auch über Anne Boleyn hielt Chapuys mich stets auf dem Laufenden.

»Königin Katharina musste More verlassen und wurde auf einen noch abgelegeneren Landsitz mitten im Moorland verbannt«, wusste Chapuys zu berichten. »Die Räume dort sind klein, düster und feucht. Das beansprucht ihre Gesundheit stark. Ihr wurde nur noch eine einzige Zofe als Gesellschaft genehmigt und der König hat ihr die meisten ihrer Bediensteten entzogen. Auch ihre monatlichen Zahlungen wurden gekürzt. Deshalb ist Eure Mutter inzwischen auf die ländliche Bevölkerung angewiesen, die ihr manchmal Speisen und warme Kleidung bringt.«

»Meine arme Mutter!«, rief ich aus. »Warum behandelt er sie so niederträchtig?«

»Um ihren Willen zu brechen«, antwortete Chapuys. »Damit sie seinem Scheidungswunsch zustimmt.«

Bei diesem Besuch gab ich Chapuys ein Schreiben an meinen Vater mit, in dem ich ihm versprach, dass all meine Briefe an Katharina von jedem gelesen werden könnten, die es wünschten, wenn er mir nur erlauben würde, ihr überhaupt zu schreiben. Dieses Ansinnen schien so gering. Und doch erhielt ich nie eine Antwort.

Die wenigen heimlichen Briefe, die meine Mutter und ich austauschen konnten, bargen ein großes Risiko, nicht nur für uns selbst, sondern auch für die treuen Überbringer. Meine Mutter erwähnte ihren Gesundheitszustand zwar nie, aber dennoch machte ich mir große Sorgen. In einem der geschmuggelten Briefe schrieb sie: *Gehorche dem König, wenn er dir etwas befiehlt. Erzürne ihn nicht. Er macht mir Angst.* Doch wie es schien, erzürnte ihn alles, was ich tat!

Wie Chapuys vorausgesagt hatte, wurde Thomas Cromwell zum Kanzler ernannt. »Er ist zwar gewöhnlich, aber clever«, wusste Chapuys zu berichten, »und noch geschickter im Manipulieren als Wolsey. Seid auf der Hut, Madam!«

Über Anne gab es Folgendes zu berichten: Der König hatte Annes Bruder George einen Adelstitel verliehen: Vicomte von Rochford. »Es gab eine Feier prachtvoller als bei einer Hochzeit«, sagte Chapuys und seine dunklen Augen blitzten vor Empörung auf. »Anne saß am Platz neben dem König . . .«

»Als trüge sie bereits die Krone der Königin!«, rief ich aus.

»Die Juwelen der Königin besitzt sie bereits«, sagte der Botschafter trocken. »Der König hatte Cromwell zu Katharina geschickt mit der Aufforderung, ihm ihren gesamten Schmuck auszuhändigen, damit Anne ihn tragen kann.«

»Meine Mutter hat sich doch hoffentlich geweigert!«

»Anfangs ja. Doch dann kehrte Cromwell mit einem schriftlichen Befehl von Heinrich selbst zurück. Katharina hatte keine andere Wahl. Sie übergab ihm ihren Schmuck. Inzwischen trägt Anne ihn zur Schau.«

»Sie protzt damit herum«, sagte ich fassungslos. »Mit Schmuck, der der Königin gestohlen wurde!«

»Es gibt noch mehr zu berichten«, fuhr Chapuys fort. »Heinrich hat Wolseys Londoner Wohnsitz übernommen. York ist zwar bereits ein wunderschöner, prachtvoller Palast, schöner als jeder Palast des Königs, doch das scheint Heinrich noch nicht zu reichen. Er hat damit begonnen, ihn erweitern zu lassen – neue Bootsstege an der Themse für die königlichen Barken, ein Turnierplatz, eine abgeschlossene Arena für Hahnenkämpfe, ein Bowlingplatz im Freien und eine überdachte Kegelbahn. Die Ausgaben sind gewaltig! Und all das nur wegen Anne«, beklagte Chapuys. »Die beiden halten mit ihrer Leidenschaft nicht mehr hinter den Berg. Sobald sie Königin ist, wird York ihr offizieller Wohnsitz, wie Heinrich verlauten ließ.«

»Dann werde ich vermutlich nie einen Fuß hineinsetzen!«, sagte ich heftig. Selbst wenn ich eine offizielle Einladung bekäme, was höchst unwahrscheinlich war, würde ich mich weigern, ihr zu folgen. Während ich gezwungen war, wie eine Frau vom Lande einfache, im Hause gesponnene Kleider zu tragen, gab er ein Vermögen für Anne aus! Wie war es nur möglich, dass er sich so sehr verändert hatte? Was hatte sie mit ihm gemacht?

Ich dachte angestrengt über das nach, was mir der Botschafter soeben berichtet hatte. »Glaubt Ihr, dass Anne Königin werden wird?«, fragte ich.

Chapuys strich über seinen seidenen schwarzen Bart. »Das Volk wird es nicht zulassen, dessen bin ich mir sicher. Die Leute glauben, dass Anne den König verhext hat. Sie hassen sie – das ist dem König mit Sicherheit ebenso klar wie allen anderen. Wenn sie in ihrer Barke oder Kutsche vorbeifährt, jubelt ihr niemand zu, niemand wirft seine Mütze in die Luft, niemand bringt ihr Kuchen oder Blumen. Es herrscht nur feindliches Schweigen. Vor nicht langer Zeit, als Heinrich auf dem Land war und Anne mit ihren Ladys unterwegs war, hat sich eine aufgebrachte Gruppe von Frauen um sie geschart – es sollen an die hundert Personen gewesen sein, bewaffnet mit Knüppeln und Besenstielen, die gerufen haben: ›Wir wollen keine Anne Boleyn!‹ Anne konnte sich in einem Boot retten und gelangte heil in den Palast zurück. Das nächste Mal ist ihr das Glück vielleicht weniger hold. Doch je mehr Anne gedemütigt wird, desto entschlossener scheinen der König und seine Hure zu sein. Die Leute wollen Euch, Madam, und das weiß Anne ganz genau. Daher rührt ihr Hass auf Euch. Und deshalb drängt sie den König mehr denn je dazu, sie zu heiraten.«

»Aber wie könnte er sie jemals heiraten? Meine Mutter ist seine rechtmäßige Frau!«

»Anne wird nicht eher ruhen, ehe sie ihr Ziel erreicht hat. Sie hat alles auf diese Heirat gesetzt. Ihr Gemüt ist launisch und ihre Zunge spitz und doch scheint sie große Macht über den König zu haben. Er weiß, dass er handeln muss, und zwar rasch, wenn er England einen Thronfolger präsentieren will. Er ist nicht mehr der Jüngste. Sein Schlaf ist unruhig, er lehnt sich auf einen Gehstock. Er kann nicht mehr von Sonnenaufgang bis Sonnenuntergang reiten wie einst. Deshalb wird er in Bälde eine Möglichkeit finden.«

Ich hatte meinen Vater seit seinem kurzen, wütenden Besuch in Richmond vor drei Jahren nicht mehr gesehen und Chapuys Bericht bestürzte mich. Mein Vater alt und erschöpft? Wenn ich an König Heinrich dachte, sah ich stets einen starken, niemals ermüdenden Mann vor mir. Diese Anne Boleyn hatte ihm seine Kraft genommen, ihn an den Rand der Erschöpfung gebracht. Vielleicht traf es doch zu, was Chapuys gesagt hatte: Anne hatte ihn verhext.

In Beaulieu lebte ich umgeben von einer Schar von offiziellen Beratern und Hausbediensteten, die stets eine respektvolle Distanz einhielten. Nur die Gräfin von Salisbury, Meister Fetherston und meine Hofdamen, meist Ehrenjungfern, standen mir nahe.

Die Ehrenjungfern waren die Töchter von Adligen, die von ihren Vätern hierher geschickt worden waren, um sich die Zeit zu vertreiben, bis sie für Heirat und Kinder reif waren. An meinem Hof zu weilen galt als große Ehre und die zu verrichtenden Aufgaben waren nicht schwer – neben meinem Stuhl stehen, mich zur Messe in der Kapelle oder zum Mahl in die große Halle begleiten, mir Gesellschaft leisten, wenn mir danach war, mir ein Buch oder meine Stickarbeit reichen oder sonstige Dinge, nach denen ich gerade ein Bedürfnis hatte. Mit einigen wenigen Ausnahmen waren diese Ehrenjungfern von keinem größeren Interesse für mich als die Teppiche an der Wand. Diese wenigen Ausnahmen waren Lady Maud, Lady Winifred und – ganz besonders – Lady Susan.

Im Verlauf der zweieinhalbjährigen Isolation vom Königshof hatte unsere Freundschaft schließlich Wurzeln geschlagen und war aufgeblüht. Susan brachte mir etliche Kartenspiele bei, was Meister Vives mir immer streng verboten hatte. Ich hingegen unterrichtete Susan im Spinettspielen und schenkte ihr eines meiner Spinette, das ich selbst geschenkt bekommen hatte und das mit Elfenbein und Perlmutt verziert war. Wir beide gaben ein ungewöhnliches Gespann ab. Ich war dünn, blass und zierlich, während Susan eher kräftig gebaut war und eine rötliche Gesichtsfarbe hatte, was absolut nicht der Mode entsprach. Sie war eine hervorragende Reiterin und konnte meilenweit gehen, ohne zu ermüden. Es war Susan, die mich stets auf meinen langen morgendlichen Spaziergängen begleitete.

Doch selbst dann noch, als unsere Freundschaft mit der Zeit immer enger wurde, spukten viele Fragen in meinem Kopf herum: War Susan – wissentlich oder unwissentlich – auch eine Spionin? Berichtete sie alles, was sie sah oder hörte, ihrem Vater, dem Herzog von Norfolk, der diese Informationen seinerseits an seine Freunde, meinen Vater, den König, oder an seine Nichte Anne weitergab?

Auf einem unserer Spaziergänge gestand mir Susan, dass sie ihren Vater hasste. »Er ist ein Tyrann«, sagte sie. »Er schlägt und kneift mich. Einmal hat er sogar damit gedroht mich totzuschlagen, wenn ich ihm nicht gehorche. Und jetzt hat er mich mit dem Grafen von Chichester verlobt – diesem widerlichen alten Trunkenbold mit seinen fauligen Zähnen!« Susan kickte einen Erdklumpen zur Seite. »Aber lieber gehe ich ins Kloster. Habt Ihr Euch noch nie gewundert, warum so viele Frauen froh sind, wenn sie sich in ein Kloster zurückziehen können? Weil sie dort vor den Forderungen ihrer grausamen Väter oder Ehemänner in Sicherheit sind.«

»Stimmt, dort geht es ruhig und friedlich zu«, pflichtete ich ihr bei, während ich an meinen eigenen Vater denken musste. Ich war nahe daran, Susan anzuvertrauen, dass auch ich meinen Vater manchmal hasste. Es wäre so viel leichter gewesen, wenn ich ihm gegenüber denselben Hass verspürt hätte wie für Anne Boleyn – bloße, unverblümte Abscheu. Doch das tat ich nicht. Ich konnte nicht. Selbst jetzt hatte ich die Hoffnung noch nicht aufgegeben, dass er mich eines Tages wieder als seine Prinzessin, seinen schönsten Juwel betrachten würde. »Aber du würdest doch sicher das Hofleben vermissen, die Bankette, das Tanzen, die feinen Gewänder und Juwelen«, sagte ich stattdessen.

»Niemals!«, behauptete Susan.

»Vielleicht wird dein Vater seine Meinung wieder ändern. Meiner hat mich schon mehrmals verlobt, doch dann kam es immer wieder zu einer Auflösung. Inzwischen frage ich mich sogar ernsthaft, ob ich überhaupt jemals heiraten werde.« Wehmütig dachte ich an Reginald Pole, der, wie ich wusste, mittlerweile wieder nach England zurückgekehrt war. Salisbury erhielt gelegentlich Briefe, in denen er seinen Wunsch ausdrückte, uns eines Tages zu besuchen, doch inzwischen hatte sie seit mehreren Wochen nichts mehr von ihm gehört.

»Dann könnt Ihr nur hoffen, dass auch die nächste Verlobung in die Brüche geht«, sagte Susan trocken. »Mir kam das Gerücht zu Ohren, dass mein Vater mit dem Wunsch an Euren Vater herantrat, Euch mit meinem Halbbruder Ralph zu vermählen.«

»Das habe ich auch schon vernommen«, gab ich zu. »Ich habe deinen Bruder schon einige Male am Hof gesehen. Zumindest sind wir im gleichen Alter.«

»Aber damit wären die Gemeinsamkeiten auch schon erschöpft, das kann ich Euch versichern«, sagte Susan. »Ralph ist ein gemeiner, übellauniger und ziemlich beschränkter Bursche. Er hat nichts anderes im Kopf als Turniere und Edelsteine. Ihr würdet nicht mehr als eine Stunde in seiner Gesellschaft verbringen wollen, von einem ganzen Leben ganz zu schweigen!«

»Aber es ist ein noch schlimmeres Gerücht im Umlauf«, vertraute ich Susan an. »Dass ich meinen eigenen Halbbruder heiraten solle! Den unehelichen Sohn meines Vaters, Fitzroy.« Noch im selben Moment bereute ich es, dass mir dieses Geheimnis entschlüpft war; Salisbury wäre entsetzt, wenn sie erführe, dass ich darüber gesprochen hatte. »Aber eigentlich darf ich das gar nicht wissen. Ich hätte es dir nicht erzählen dürfen, Susan.«

Lady Susan starrte mich mit großen Augen an. »Dann gehen wir am besten beide zusammen ins Kloster. Ein Leben im Gebet und Dienste Gottes ist mit Sicherheit besser als ein Leben als Sklavin eines zahnlosen, stinkenden Tölpels oder eines unserer Halbbrüder.«

Ich zwang mich zu einem Lächeln. »Das würde der König niemals erlauben. Und wenn ich Königin werde, kann ich mein Volk wohl kaum regieren, wenn ich hinter Klostermauern sitze.«

»Wenn Ihr Königin werdet? Maria, Ihr werdet niemals Königin werden! Habt Ihr das noch nicht begriffen? Der König wird seinen Willen durchsetzen und Anne heiraten – dann wird sie Königin und schenkt ihm einen Sohn. Das schließt Euch von der Thronfolge aus, ob es Euch nun gefällt oder nicht.«

»So etwas zu behaupten ist Landesverrat!«, rief ich empört aus, weil mein Zorn die Oberhand gewann.

Susan wirbelte herum und starrte mich an. »Es ist kein Landesverrat, Madam – es ist die nackte Wahrheit. Wer lässt Euch etwas anderes glauben? Salisbury? Der kleine, kauzige Botschafter Chapuys? Eure Mutter, die Königin, die wie eine Gefangene in einer baufälligen Ruine sitzt, schlimmer als jeder Kerker? Sehen sie denn nicht, was für alle anderen völlig klar ist? Könnt Ihr *selbst* es denn auch nicht sehen, Maria?«

»Ich befehle dir zu schweigen!«, rief ich. »Ich befehle dir mir aus den Augen zu gehen!« Ich brüllte fast und hielt mir die Ohren zu, um mir keine weiteren Worte aus ihrem Munde anhören zu müssen.

Lady Susan fiel auf die Knie und senkte den Kopf. »Ich bitte Euch um Vergebung, Hoheit«, sagte sie leise. Dann raffte sie ihre Röcke zusammen und eilte zum Palast zurück.

Ich war schon im Begriff, sie zurückzurufen, doch dann überlegte ich es mir anders. Lady Susan hatte Unrecht! Ich würde Königin werden! Doch tief in meinem Herzen spürte ich, dass alles, was Susan gesagt hatte, zutraf. Ich hatte keine Zukunft. Ich hatte nie eine Zukunft gehabt. Alles war nur eine einzige große Lüge gewesen.

KAPITEL XI

REGINALD POLE

Die Sonne stand schon tief am Himmel und die Bediensteten gingen von Raum zu Raum, um die Kerzen anzuzünden. Ich stand neben dem offenen Fenster, denn das Wetter war ungewöhnlich mild für die vorösterliche Zeit. Lady Susan und Lady Winifred saßen bei mir und schlugen ihre Lauten.

Während sich der Himmel von einem zarten Lavendelblau zu einem tiefen Violett verfärbte, sah ich auf einmal eine einsame, dunkle Gestalt auf dem zerfurchten Weg näher kommen.

»Sicher wieder so ein zerlumpter Bettler, kein Zweifel«, meinte Winifred.

Die Hunde hatten begonnen zu bellen und zu knurren, als sich die groß gewachsene Gestalt in den schäbigen Kleidern dem Palast näherte. Er wehrte sie mit dem Stock ab, den er bei sich trug. Ich blickte genauer hin. War es möglich . . .?

Abrupt wandte ich mich vom Fenster ab und eilte zur Tür. Meine Ladys legten ihre Lauten zur Seite und machten Anstalten, mir zu folgen, doch ich schüttelte den Kopf. »Bleibt«, sagte ich und stürzte davon, um Salisbury zu suchen.

Ich fand die Gräfin in der Speisekammer, wo sie sich gerade mit dem Koch besprach. »Kommt rasch«, rief ich aufgeregt und sie folgte mir in den Korridor.

»Es ist Reginald«, flüsterte ich, »ich bin mir fast sicher. Er hat sich als Bettler verkleidet. Er ist schon vor der Tür. Oh, Salisbury!«

»Ich werde mich umgehend darum kümmern, Madam.« Ich eilte in meine Gemächer zurück, wo Susan gerade dabei war, Winifred eine neue Melodie auf der Laute beizubringen. Kurz vor der Tür verlangsamte ich meine Schritte und achtete darauf, ruhig und gelassen ins Zimmer zu treten, als wäre nichts Ungewöhnliches passiert. Die Hofdamen unterbrachen ihr Spiel und machten wie üblich ihren Knicks. »Ich musste meinen Unterrock wechseln«, sagte ich. Die beiden Mädchen schauten einander an, sagten jedoch nichts.

Nichts an meiner Garderobe war passend, um einen Besucher zu empfangen und ganz besonders *diesen* Besucher. Nicht nur dass Cromwell mir kein Geld für neue Kleidung geschickt hatte, er hatte sogar meine Gewandzofe entlassen. Normalerweise kleidete ich mich in ein einfaches Wollgewand. Wenn ich mich fein machen wollte, hatte ich nur das blaue Unterkleid mit der ärmellosen Tunika darüber, die Salisbury mir für den sonntäglichen Kirchgang genäht hatte.

Susan half mir nun in das blaue Unterkleid und schnürte es am Rücken zu. Dann kämmte sie meine Haare, bis sie mir in schimmernden rotgoldenen Locken über die Schultern fielen.

Ich nahm einen Spiegel aus venezianischem Glas und betrachtete mich. Ich sah Susans erstaunten Blick im Spiegel und es drängte mich danach, ihr von dem verkleideten Bettler zu erzählen, der niemand anders sein konnte als Reginald Pole. Doch ich durfte kein Risiko eingehen, weshalb ich lieber schwieg. Noch immer verfolgte mich die Frage: War Susan mir gegenüber loyal? Oder würde sie Reginald – und somit auch mich – verraten, an Norfolk, an Anne und an den König?

Meine plötzliche Aufregung und dieses unvermittelte Umziehen waren ohnehin schon verdächtig genug. Um mir wieder den Anschein von Gelassenheit zu geben, schlug ich ein Buch auf, die Werke des heiligen Augustinus, und reichte es Winifred. »Bitte, mach uns die Freude und lies uns etwas daraus vor«, bat ich sie. In diesem Moment kam Salisbury herein – mit gepudertem Gesicht und einer Kette um den Hals. Wortlos nahm sie Platz und gab großes Interesse an Winifreds stotternd vorgetragener Lektüre vor. Einmal gelang es mir, ihren Blick zu erhaschen. Sie nickte mir fast unmerklich zu, was ich als Hinweis deutete, dass es sich in der Tat um Reginald handelte und dass ein Treffen arrangiert worden war. Zumindest hoffte ich dies von ganzem Herzen!

Nach einer Weile ertrug ich die Spannung nicht länger. »Ist vorhin nicht ein Besucher angekommen?«, fragte ich Salisbury wie beiläufig.

»Ja, ein Bettelmönch, wie ich gehört habe«, entgegnete Salisbury nicht minder gleichgültig. »Er bat um ein Almosen und der Haushofmeister lud ihn ein, hier zu nächtigen. Er wird mit den anderen Bediensteten speisen und der Prinzessin morgen früh vor seinem Aufbruch seine Aufwartung machen, wenn es Euch beliebt.«

Wie ärgerlich! Reginald würde mit den Bediensteten Haferbrei essen müssen, während Salisbury und ich mit den

Hofdamen speisen würden und wir uns nicht über diesen aufregenden, unerwarteten Besuch unterhalten konnten. Als wir den Tisch verließen, konnte Salisbury mir kurz zuflüstern: »Kapelle, zehn Uhr.«

Die Stunden vergingen quälend langsam. Wie mechanisch verrichtete ich die allabendlichen Vorkehrungen, wobei mir allerdings auffiel, dass Susan mich immer wieder neugierig musterte. Tröstlich war nur der Gedanke, dass irgendwo in diesem weitläufigen Palast auch Reginald seine Maske aufbehalten musste.

Ich las in den griechischen Schriften von Plutarch. Anschließend las Salisbury uns eine Passage aus der Apostelgeschichte vor, die sie für lehrreich hielt. Schließlich entließ ich meine Hofdamen, die sich mit müden Augen in ihre Kammern zurückzogen. Oder täuschte Lady Susan ihre Müdigkeit vielleicht nur vor?

Salisbury und ich tauschten einen kurzen Blick aus und begaben uns dann langsamen Schrittes zur Kapelle, um unser Abendgebet zu sprechen. Als wir vor dem Altar knieten, war nur das Gemurmel unserer Stimmen zu hören: *»Gloria in excelsis Deo . . .«*

Da hörte ich die Eingangstür knarren. *»Laudamus te.«* Ich spürte einen schwachen Luftzug, hörte, wie die Tür wieder geschlossen wurde und der Riegel einrastete. *»Benedicimus te.«* Ich hielt die Augen geschlossen, als leise Schritte näher kamen. *»Adoramus te.«* Dann spürte ich, dass sich jemand neben mich kniete, und ich zwang mich, ganz ruhig zu bleiben. *»Glorificamus te.«* Und auf einmal fiel eine vertraute Stimme in unser Gebet ein: *»Gratias agimus tibi propter magnam gloriam tuam . . .«*

Erst als das letzte Amen gesprochen war, erlaubte ich mir

die Augen zu öffnen und den Mann anzuschauen, der neben mir kniete. Selbst in der zerlumpten Kleidung eines Bettelmönchs waren Reginalds stechende blaue Augen und sein breiter, geschwungener Mund unverkennbar. »Euer Hoheit«, flüsterte er.

»Reginald.« Das war alles, was ich über die Lippen brachte. Ich griff nach seiner Hand. Sie war warm, meine kalt. Er erhob sich und küsste seine Mutter. »Hier können wir unbelauscht reden«, sagte Salisbury leise. »Vorausgesetzt, es dauert nicht zu lange.«

»Ich bin gekommen, um mich von Euch beiden zu verabschieden«, sagte Reginald mit heiserer Stimme. »Der König hat mir befohlen, England umgehend zu verlassen. Er verbot mir sogar, Euch ein letztes Mal aufzusuchen, aber ich konnte nicht abreisen, ohne Euch Lebewohl gesagt zu haben. Gott allein weiß, wann ich zurückkommen werde – gewiss nicht, solange Euer Vater noch lebt, Maria. Heinrich rast vor Zorn gegen mich und würde mich töten, wenn er könnte, und vielleicht gelingt ihm das sogar, wenn ich nicht so schnell wie möglich das Land verlasse.«

»Aber was hast du getan, mein Sohn?«, rief Salisbury erschrocken aus. Ich presste mir ein Taschentuch an die Lippen, um meine Wut auf meinen Vater nicht hinauszuschreien.

»Ich schrieb dem König einen Brief, in dem ich mich gegen sein Scheidungsbegehren aussprach. Ich gestehe, dass mein Ton nicht gemäßigt war. Ich schrieb, dass Lady Anne eine schamlose Intrigantin sei wie die jüdische Königin Jezabel mit ihrem bemalten Gesicht und erinnerte König Heinrich an deren Schicksal. Sie wurde aus dem

Fenster gestürzt, von Pferden zu Tode getrampelt und ihr Fleisch wurde von den Hunden verschlungen.«

Salisbury war entsetzt. »Das war nicht klug von dir, mein Sohn.«

»Aber es ist die Wahrheit! Anne Boleyn ist ein böses Weib, das den König verhext hat. Und Cromwell erst! Was für einen Mann hat der König sich da ausgewählt, um an seiner Rechten zu sitzen? Einen Speichellecker und Schurken. Heinrich ist so gut wie bankrott. Einst war er einer der reichsten Männer der christlichen Welt, doch inzwischen hat er sein gesamtes Vermögen für Ausschweifungen und eitlen Tand zum Fenster hinausgeworfen. Um die königlichen Schatztruhen wieder zu füllen, hat er Cromwell damit beauftragt, Geld aufzutreiben. Die neuen Steuern, die dieser nun dem Volk auferlegt hat, sind horrend. Ganz England leidet.«

Reginalds blaue Augen musterten mich eindringlich. »Ich bin froh darüber, den Hof zu verlassen, Maria. Aber ich zahle einen hohen Preis für meine Ehrlichkeit und Offenheit, denn es beraubt mich dessen, was mir am meisten am Herzen liegt.«

Ich betrachtete sein liebes Gesicht. Einerseits war ich glücklich, weil ich wusste, dass er mit dem, was ihm am meisten am Herzen lag, *mich* meinte, doch gleichzeitig war ich zutiefst betrübt, weil ich begriff, dass es ein Abschied für lange Zeit werden würde. Doch auf das, was er als Nächstes sagte, war ich nicht vorbereitet: »Auf eines könnt Ihr Euch verlassen: Der Tag wird kommen, an dem das englische Volk sich erheben wird. Die Menschen werden sich gegen König Heinrich erheben und Euch als Königin auf den Thron setzen, Maria.«

Ich war zu schockiert, um eine Antwort zu finden, doch die Gräfin sprang augenblicklich auf. »Psst!«, rief sie warnend. »Das ist Landesverrat, Reginald. Sag das nie wieder, zu keinem Menschen!«

Mein Kummer verwandelte sich in Furcht. Auf dem Altar brannten einige Kerzen, doch der Rest der Kapelle lag im Dunkeln. Eben hatte ich geglaubt, eine Bewegung wahrzunehmen – vielleicht der alte Pfarrer, der für die Messgefäße zuständig war –, aber es hätte auch mein eigener Schatten sein können. Ich erschauerte, mehr aus Angst als vor Kälte. Reginald bemerkte es und legte mir seinen rauen Umhang um die Schultern. Er war noch warm von seinem Körper und ich zog ihn eng um mich.

»Ich bin bereits in Gefahr, Mutter«, sagte Reginald. »Nachdem ich dieses Schreiben gegen Lady Anne abgeschickt hatte, wurde ich zu einem der vielen Feinde, die es loszuwerden gilt. Dabei hätte ich so gerne etwas Zeit gehabt, um einige Tage hier bei Euch zu verbringen.« Er wandte sich an mich und ergriff erneut meine nunmehr zitternde Hand. »Und mit Euch, Hoheit. Doch ich muss fliehen. Ich werde nach Rom gehen, um mein Priestergelübde abzulegen. Das versteht Ihr doch, nicht wahr, Maria? Meine Berufung ist es, Gott zu dienen, nicht dem König. Es kann viel Zeit vergehen, bis wir uns wiedersehen – vielleicht sogar erst dereinst in Gottes Reich.« Seine Finger drückten die meinen.

Ich schloss die Augen, ungeweinte Tränen hingen an meinen Lidern. »Gebt Ihr uns Euren Segen, ehe Ihr uns verlasst?«, fragte ich mit bebender Stimme.

Reginald ließ meine Hand wieder los und legte eine seiner kräftigen Hände auf meinen Kopf, die andere auf den seiner Mutter. *»Pax vobiscum«,* sagte er. »Friede sei mit Euch.«

Um die Tränen zurückzudrängen, hielt ich die Augen fest geschlossen, während seine warmen Finger auf meinen kalten Brauen lagen. Ich wusste, es war das letzte Mal, dass ich seine Berührung spürte. *»Et cum spiritu tuo«,* murmelte ich. Und mit deinem Geiste – die formelle Antwortformel.

Ich erinnerte mich daran, wie mein Vater mit mir geprahlt hatte, als ich noch ein kleines Mädchen gewesen war. *»Ista puella nunquam plorat«* – dieses Mädchen weint nie. Doch später an diesem Abend, als ich in meinem Bett lag, flossen meine Tränen ungehindert auf das Kissen. Er ist fort, dachte ich. Reginald, den ich geliebt habe. Ich werde ihn niemals wiedersehen. Niemals wieder. Nie mehr.

KAPITEL XII

KÖNIGIN ANNE

Das Jahr, in dem ich siebzehn wurde, war das schlimmste Jahr meines Lebens. Schuld daran war Anne.

Sechs Jahre lang hatte mein Vater nun schon versucht, die Scheidung von meiner Mutter durchzusetzen, um Anne heiraten zu können. Er hatte sich mit dem Papst zerstritten, versucht, das Konzil von Kirchenherren zu überzeugen, meine Mutter mit Drohungen bestürmt, doch niemand hatte sich seinem Willen gebeugt. Doch ich wusste, dass der König nicht aufgeben würde; letzten Endes würde er siegen – allen Widrigkeiten zum Trotz.

Auch Anne würde niemals aufgeben. Sie ging auf die dreißig zu, und obschon sie viele Jahre jünger war als der König, wurde auch sie von der ersten Anzeichen des Älterwerdens nicht verschont. Sie musste bald eine Möglichkeit finden, den König zu heiraten und ihm einen Sohn zu schenken – sonst hätte sie ihre Chance, jemals Königin zu werden, vertan.

Und sie fand in der Tat eine Möglichkeit.

Gegen Ende des Frühjahrs 1533 überbrachte mir Chapuys die Neuigkeit nach Beaulieu: »Anne erwartet ein Kind«, sagte er, ehe wir zu unserem üblichen Spaziergang durch den Garten aufbrachen. »Der König hat sie geheiratet. Nun wird sie Königin werden.«

»Sie geheiratet?« Der Schock war so groß, dass ich weiche Knie bekam. Chapuys hielt stützend meinen Arm, damit ich nicht stolperte. »Wie ist das möglich? Er ist doch noch mit meiner Mutter verheiratet!«

»Sie haben heimlich schon im Januar geheiratet«, sagte er, seine Hand noch an meinem Ellbogen, »gleich nachdem Anne sicher war, dass sie schwanger war. Ein halbes Dutzend Jahre lang hat sie das schwierige Spiel gespielt, den König ständig in Versuchung zu bringen, seinem Begehren jedoch nie nachzugeben. Doch ihre Verzweiflung wuchs; das Spiel hatte schon zu lange gedauert und sie lief Gefahr, ihn zu verlieren. Schwanger zu werden war die letzte Trumpfkarte, die sie im Ärmel hatte. Sie spielte sie aus – und er hat sie prompt geheiratet. Wie es scheint, hat sie nun endgültig gewonnen.«

Überwältigt von Schock und Wut trat ich einen Schritt zurück und stammelte: »Aber – aber ist das schon allgemein bekannt? Weiß es schon alle Welt?«

»Ja, Madam, alle wissen es. An Ostern hat Anne ihr Geheimnis in der großen Vorabendmesse enthüllt. Sobald alle Kerzen angezündet worden waren, stellte sich Anne an den Ehrenplatz, glitzernd mit Diamanten und in einem goldenen Gewand mit Hermelinbesatz, umgeben von ihren Hofdamen, deren Zahl sich mittlerweile auf zwölf beläuft. Der Priester – ein Speichellecker par excellence, eine Schande von einem Kirchenmann! – bezeichnete sie in seiner Ansprache als ›Königin Anne‹. Wäre ich nicht so ein Feigling, wäre ich aufgesprungen und hätte öffentlich protestiert. Am Ende der Messe ertönte eine Trompetenfanfare und ›Königin Anne‹« – Chapuys spuckte die Worte förmlich aus – »und ihre kleine Armee rauschten hinaus. Jedes Knie beugte sich vor ihr, als wäre sie eine wahrhaftige Königin und nicht nur die Großhure!«

Erfolglos versuchte ich die Wellen der Gefühle zu unterdrücken, die sich meiner bemächtigt hatten. »Was wird nun geschehen?«, gelang es mir schließlich, zu fragen.

»Der König muss einen Weg finden, die Scheidung offiziell durchzusetzen, falls das Kind aus dieser unseligen Verbindung die Krone erben soll.«

Nach diesem Besuch Chapuys lebte ich wochenlang in großem inneren Aufruhr und bemühte mich vergeblich darum, diese grässliche Wendung der Ereignisse zu verdauen. Dann, eines Tages Anfang Mai, während ich über meinen Büchern saß, wurde meine Aufmerksamkeit auf eine große Schar von Rittern und ihren Gefolgsleuten in der Uniform des Königs gelenkt, die lärmend vor den Toren des Palasts ankamen. An ihrer Spitze ritt der Herzog von Norfolk, Susans Vater. Er verlangte, dass alle Mitglieder meines Haushalts sich auf dem Hof versammelten, wo er seine offizielle Bekanntmachung verlesen würde.

»Katharina von Aragon ist nicht länger die Gemahlin von König Heinrich und folglich auch nicht länger Königin«, rief Norfolk donnernd. »Fortan wird Katharina nur noch den Titel Prinzess-Witwe führen.«

Ich schloss meine Augen und hoffte, der Alptraum würde ein baldiges Ende finden, doch das tat er nicht. »Ferner wird verkündet«, fuhr Norfolk fort, »dass Maria, die Tochter der Katharina von Aragon, als unehelich erklärt wird und von daher unwürdig, den Thron zu erben.« Mir war, als würde mir ein Messer zwischen die Rippen gestoßen.

Anschließend hielt Norfolk mir unwirsch das Dokument unter die Nase, damit ich die Unterschrift mit eigenen Augen sehen konnte: *Henricus Rex.* Nur der harten Schule Salisburys war es zu verdanken, dass ich dem Mann nicht ins Gesicht spuckte.

»Gott schütze den König!«, erklärte Norfolk und seine Ritter und auch die meisten meiner Bediensteten antworteten: »Gott schütze den König!«

Während der ganzen erniedrigenden Szene hielt ich mich aufrecht und schwieg. Norfolk starrte mich an. Seine Augen hinter der Ritterkappe gaben ihm das Aussehen eines Reptils. »Madam?«, sagte er fragend.

»Gott schütze den König«, antwortete ich und blickte ihm unverwandt in die Augen. »Gott schütze uns alle.« Nach diesen Worten wandte ich mich ab und schritt davon.

Sobald die Horde weitergezogen war, die grün-weißen Banner im Winde flatternd, brach ich zusammen. Salisbury kam zu mir und schloss die Tür, damit wir allein sein konnten. Als Lady Susan anklopfte und bat, zu mir vorgelassen zu werden, versuchte Salisbury sie wegzuschicken, doch ich fiel ihr ins Wort: »Lass sie herein!«

Mit tränenüberströmtem Gesicht stürzte Susan in mein Gemach. »Mein Vater ist ein Schwein«, rief sie. »Ich hasse ihn für all die schrecklichen Dinge, die er zu Euch gesagt hat! Mich hat er vollkommen ignoriert, abgesehen davon, dass er mir befohlen hat, zur Krönung von Königin Anne nach London zu reisen! Ich habe natürlich abgelehnt.«

»Du musst hingehen, Susan«, sagte ich freundlich, während ich meine eigenen Gefühle für einen Moment beiseite schob. »Das ist keine Untreue meiner Mutter oder mir gegenüber. Dein Vater hat es dir befohlen. Es wird ein rauschendes Fest werden. Vielleicht hast du sogar Spaß.

Und vielleicht wirst du deine heimliche Liebe sehen, den Graf von Chichester, und er wird dir ein hübsches Geschenk mitbringen.«

Lady Susan starrte mich an und riss entsetzt den Mund auf. »Madam«, begann sie, »Ihr . . .«

»Natürlich war das nur ein Scherz«, sagte ich mit einem erzwungenen Lächeln. »Aber geh ruhig. Es wird meiner Sache nichts nützen, wenn du dich weigerst, und es könnte sogar sein, dass unsere Väter zu dem Schluss kommen, dass wir zu enge Freundinnen geworden sind, und uns deshalb trennen. Geh unbesorgt, aber halte Augen und Ohren offen und erstatte mir anschließend ausführlich Bericht.«

König Heinrich befahl fast allen, Annes Krönung beizuwohnen. Die meisten meiner Hofdamen wurden von ihren Vätern, die zu den Höflingen gehörten, nach London beordert. Es herrschte eine große Aufregung und viel Gelächter in den Kammern der Ladys, als Charlotte, die spitzzüngige Oberhofdame, ihnen bei den Vorbereitungen half. Nachdem sie abgereist waren, blieben Salisbury und ich fast zwei Wochen allein in Beaulieu zurück.

Ich grübelte viel und dachte an meine Mutter, die ich seit sechs Jahren nicht mehr gesehen hatte. Wie mochte sie auf den Besuch Norfolks und seiner Männer reagiert haben? Nicht einmal mit Salisbury konnte ich über den Schmerz und die Wut sprechen, die ich meiner Mutter wegen litt. Doch ich vertraute ihr den Plan an, den ich geschmiedet hatte: »Nun, da des Königs Aufmerksamkeit voll und ganz der Krönung gilt, werde ich mit ein paar vertrauenswürdigen Leuten zu meiner Mutter reiten. Es gibt genügend loyale Bauern unterwegs, die mich unterstützen.«

Salisbury war mehr als entsetzt. »Madam, ist Euch nicht bewusst, welch gefährliches Unternehmen dies wäre? An jeder Wegbiegung lauern Diebesbanden, die keinen Augenblick zögern würden, Euch die Kehle durchzuschneiden. Zudem sind des Königs Spione überall, und wenn er erfährt, dass Ihr seinen Befehl missachtet und Eure Mutter aufgesucht habt, wird er Euch beide bestrafen. Habt Ihr vergessen, welch aufbrausendes Temperament er hat?«

»Nein, das habe ich nicht.«

»Und ich bitte Euch, auch dies zu bedenken: Ihr dürft Eure eigene Sicherheit nicht aufs Spiel setzen, denn eines Tages werdet Ihr die Königin Englands sein. Die Krone wird auf Eurem Haupt und die Verantwortung für dieses Land auf Euren Schultern ruhen. Ich sage dies, weil ich weiß, dass Eure Mutter, die Königin, genau dieselben Worte zu Euch sagen würde.«

»Gut, dann werde ich nicht gehen«, sagte ich betrübt. Nach einer Weile fügte ich noch hinzu: »Sie sagen, meine Mutter führe fortan nur noch den Titel Prinzess-Witwe.«

»In meinem Herzen ist und bleibt Katharina die Königin Englands, und das wird so bleiben, bis dieser Titel Euch gehört.« Salisbury lächelte traurig. »Jeder hat seine eigene Art, sich aufzulehnen. Das ist meine.«

Als die Hofdamen aus London zurückkehrten, gelang es ihnen nicht, ihre Aufregung über die Krönungsfeierlichkeiten zu unterdrücken. Ich ließ etliche Flaschen Kräuterwein auftragen und wir erfrischten uns damit, während die Ladys erzählten. Ich konnte nicht anders als jedes Detail in mich aufzusaugen, egal, wie schmerzlich es auch war.

»Ich war anwesend, als Annes königliche Barke am Landungssteg vor dem Tower ankam«, berichtete Lady Susan. »Mit hunderten von Booten, allesamt mit Blumen geschmückt, war sie von Greenwich gekommen. Sie wurde mit Salutschüssen empfangen und auch die in der Themse vertäut liegenden Schiffe feuerten Kanonenschüsse ab. Es gab so einen Lärm, dass etliche der Fenster im Tower zersprangen.«

In mir wurden Erinnerungen daran wach, wie ich mit meiner Mutter in genau dieser königlichen Barke gefahren war, an deren Bug das Emblem meiner Mutter, der Granatapfel, aufgemalt gewesen war. Diese Erinnerungen an die glücklichen Tage meiner Kindheit prallten mit dieser rauen, neuen Wirklichkeit zusammen. »Das Emblem meiner Mutter . . .«, begann ich.

Susan seufzte. »Ersetzt durch Annes. Sie hat ihren weißen Falken gewählt, ihm eine Krone aufgesetzt und ihn auf ein Bett von roten und weißen Rosen gesetzt. Anne blieb zwei Tage lang im Tower, während wir anderen uns amüsierten.«

»Mit dem Grafen von Chichester?«, fragte ich schmunzelnd.

Lady Susan runzelte die Stirn, doch Lady Winifred lachte auf. »Ihr hättet Lady Susan sehen sollen! Sie tat alles in ihrer Macht Stehende, um ihn abzuschrecken«, sagte Winifred. »Sie blickte so streng drein, dass ich fürchte, der arme, alte Chichester hat vor Schreck Wechselfieber bekommen.«

»Übrigens, ich habe Annes Prozession in die Westminster-Abtei gesehen«, erzählte Lady Winifred, während sie uns allen Kräuterwein nachschenkte. »Sie fuhr in einer offenen Kutsche und ihre Ritter hielten einen Baldachin über sie, auf den ihr Motto eingestickt war, *La Plus Heureuse* – ›die Glücklichste‹.

Doch als Anne mit ihrer Rubinkrone vorbeifuhr, starrte die Menge sie nur offenen Mundes an. Ihre langen Haare fielen offen herunter wie bei einer Jungfrau und ihr silbernes Kleid spannte sich über ihrem Sechsmonatsbauch. Die Leute nahmen nicht einmal ihre Mützen ab als Zeichen ihres Respekts. Und nun hört Euch das an: Der König hatte befohlen, dass den ganzen Weg entlang, den die Prozession zurücklegen würde, rot bemalte Holzschilde mit den miteinander verschlungenen, vergoldeten Buchstaben H und A – für Heinrich und Anne – aufgestellt werden sollten. Die Menge schwieg und blickte verdrossen drein, bis plötzlich jemand auf die Holzschilde deutete und ausrief: ›Schaut Euch das an! H und A – wie Ha-ha!‹ Und auf einmal nahmen alle, die es gehört hatten, diesen Ruf auf und brüllten ›Ha-ha‹, als Anne vorbeifuhr.«

»Und du, Lady Winifred? Hast du auch ›Ha-ha‹ gerufen?« Winifred starrte betreten auf ihren Schoß. »Nein, Madam, das tat ich nicht. Ich war bei den Leuten meines Vaters und konnte nicht.«

Ich nickte. »Ich verstehe. Ich mache dir keinen Vorwurf.« Dann wandte ich mich an Lady Susan.

»Und die eigentliche Zeremonie?«, fragte ich. Mein Kopf pochte vor Schmerzen, doch ich hatte noch immer nicht genug gehört.

»Sie dauerte stundenlang«, erzählte Susan. »Und war schrecklich langweilig.«

Ich schloss die Augen und stellte mir vor, wie ich selbst in der königlichen Barke und dann in einer offenen Sänfte fahren würde, umgeben von meinen Rittern. Eines Tages, sagte ich mir, würde ich es tun. Und das Volk auf den Straßen würde nicht schweigend dastehen, sondern begeistert »Maria, geliebte Maria!« rufen. Die Leute würden ihre Mützen in die Luft werfen und Blumen vor meine weißen Pferde streuen, die meine Kutsche zogen ...

Als ich wieder zu mir kam, lag ich auf meiner Couch und sah die besorgten Gesichter von Susan, Winifred und Salisbury undeutlich wie Monde über mir schweben.

»Ihr seid krank, Madam«, sagte Salisbury, die mir nasse Tücher auf die Stirn legte und um die Handgelenke wickelte. »Ihr habt Euch zu sehr aufgeregt.« Sie hielt eine Tasse an meine Lippen. »Das wird Euch helfen, Euch wieder zu beruhigen.«

Ich schlief. Manchmal sah ich das Gesicht meiner Mutter vor mir und hörte ihre zärtlichen Worte, dann wieder sah ich die strengen Augen meines Vaters und hörte seine barsche, grollende Stimme, bisweilen den hässlichen, verzerrten Mund von Anne Boleyn, aus dem ein schriller Schrei kam.

Ich wurde wieder wach, doch die Schmerzen in meinem Kopf hatten noch nicht nachgelassen. Der königliche Arzt wurde gerufen, der die Ursache meiner Schmerzen herausfand: ein faulender Zahn. Er müsse gezogen werden, sagte er, und holte ein zangenförmiges Instrument aus seiner Tasche, mit der er einen Backenzahn aus meinem Oberkiefer entfernte, ohne Rücksicht auf meine verzweifelten Schreie.

Mein Gesicht war noch verquollen und verfärbt, als Chapuys zu einem seiner seltenen Besuche vorbeikam. Er sah dünner und bleicher aus als sonst. »Habt Ihr über die Krönung der Großhure schon alles erfahren, was Euch interessiert?«, fragte er.

Ich nickte grimmig. »Ihr wart auch bei der Prozession, nehme ich an.«

»In der Tat, aber völlig gegen meinen Willen. Ich war erkrankt gewesen, doch das galt nicht als Entschuldigung. Ich will Euch nicht langweilen mit Schilderungen der Ausschweifungen des Königs anlässlich der Krönungsfeierlichkeiten, aber seid versichert, dass er riesige Anleihen aufnehmen musste, um für die Kosten aufzukommen. Nun erwartet er, dass sein Volk für den ganzen Aufwand aufkommt. Doch das Volk hasst Anne – die Leute wollen sie nicht als Königin und sind auch nicht bereit, auch nur einen Schilling für ihre Krönung herauszurücken. Heinrich versucht jeden davon abzuhalten, schlecht über Anne zu reden, aber er kann nicht einem ganzen Volk einen Maulkorb umlegen! Viele sagen, Anne sei eine Hure, und prophezeien ihren baldigen Untergang. Das Volk ist außer sich.

Aber der König musste noch mehr Rückschläge einstecken«, fuhr Chapuys fort. »Der Papst hat erneut die Scheidung abgelehnt und Heinrichs Ehe mit Anne für ungültig erklärt. In den Augen der Kirche wird das Kind, das in weniger als drei Monaten geboren wird, als unehelich gelten.«

Ich unterdrückte ein Lächeln. »Aha, ein weiterer Bastard also«, sagte ich nur.

KAPITEL XIII

EINE KÖNIGLICHE GEBURT

Auf Befehl des Königs, werdet Ihr, die gegenwärtige Thron-
anwärterin, aufgefordert, der Geburt des neuen Thronfol-
gers beizuwohnen. Begebt Euch umgehend nach Greenwich.
Die Gräfin von Salisbury wird Euch nicht begleiten.

Salisbury schritt nervös in meinem Schlafgemach auf und
ab, zerknüllte ihr Taschentuch und stand allen im Weg,
während Cromwells Botschafter unten im Hof auf mich
warteten. »Deine Sorgen sind unbegründet«, sagte ich zu
Salisbury. »Was könnte Anne mir in Anwesenheit so vie-
ler Menschen schon antun? Ich bin schon froh, dass mein
Vater mich wenigstens als gegenwärtige Thronanwärte-
rin bezeichnet hat.«

»Ihr versteht nicht, Madam«, rief Salisbury aufgebracht
aus. »In Greenwich werdet Ihr in jedem Augenblick in Gefahr sein. Was, wenn Anne ihren Gefolgsleuten befohlen
hat, sich unterwegs an Euch zu vergehen?«

»Sich an mir zu vergehen? Was hätte Anne davon, wenn
ich vergewaltigt würde?« Meine Hände begannen plötzlich so unkontrolliert zu zittern, dass mir das Kleid, das
ich in den Händen hielt, fast entglitten wäre. Eine Dienerin nahm es mir ab, faltete es zusammen und legte es in eine Holztruhe.

Salisbury fiel auf ihre alten, knochigen Knie und hob flehentlich beide Hände. »Bitte! Seid auf der Hut, Maria! Wenn Eure Jungfräulichkeit verletzt würde, würde Euch das Parlament als ›korrumpiert‹ erklären und eine Thronfolge wäre für immer ausgeschlossen, egal, was auch passieren wird – selbst wenn der König seine Meinung wieder ändern und Euch als ehelich erklären würde. Das würde die Krone noch sicherer machen für den kleinen Bastard, der demnächst auf diese verkommene Welt kommen wird.«

Ich sank neben ihr zu Boden. Kalter Schweiß rann über meinen Rücken.

»Du scheinst nicht zu begreifen, dass Anne genauso ist wie der König – sie wird vor nichts zurückschrecken«, wimmerte Salisbury. »Oh, ich werde mich zu Tode ängstigen, solange Ihr nicht wieder heil zurück seid.«

Ich darf weder fremden noch meinen eigenen Ängsten Gehör schenken, ermahnte ich mich. »Liebste Salisbury, du kannst leider nichts daran ändern«, sagte ich, während ich ihr wieder auf die Beine half. »Und ich selbst auch nicht. Wir müssen tapfer sein.« Doch in diesem Moment fühlte ich mich wahrlich alles andere als tapfer.

Meine Reise nach Greenwich trat ich mit nur einem Diener und zwei meiner Hofdamen an, Lady Lucy und Lady Barbara, die ich beide für recht einfältig hielt. Ich hätte mich zu gerne von Susan und Winifred begleiten lassen, doch mir war ausdrücklich befohlen worden, auch diese beiden in Beaulieu zurückzulassen. Darüber hinaus hatte ich die Anweisung erhalten, in einer einfachen, geschlossenen Kutsche zu reisen, damit ich unterwegs nicht erkannt würde. Dies geschah jedoch nicht, um meine Person zu schützen, sondern um sicherzustellen, dass keine der königintreuen Anhänger auf dem Lande sich mir anschließen konnten.

Es war das erste Mal seit fünf Jahren, dass ich meinen Fuß in den Greenwich-Palast setzte. Was für ein Schock für mich, feststellen zu müssen, wie tief ich gesunken war! Vor fünf Jahren war ich noch die Prinzessin von Wales gewesen und hatte alle Ehren und Privilegien genossen, die meinem Rang zustanden. Nun war ich ein Nichts geworden, ein Niemand, nicht mehr und weniger als eine Dienstbotin. Ich war nicht etwa eingeladen worden, weil ich erwünscht gewesen wäre, sondern weil die Tradition es so verlangte. Und es bot Königin Anne eine willkommene Gelegenheit, die Macht zu demonstrieren, die sie über mich hatte.

Nach unserer Ankunft wurden meinen Hofdamen und mir ärmlich eingerichtete Kammern in einem abgelegenen Flügel des Palasts zugewiesen, in dem ich noch nie zuvor gewesen war. Ich inspizierte das schmale Bett mit der rauen Zudecke und der dünnen, zerlumpten Matratze. Die Kerzen in den einfachen Haltern aus Zinn waren aus rauchigem Talg, nicht aus sauber verbrennendem Bienenwachs. Ich war hungrig, hatte aber keine Gelegenheit, nach Brot und Ale zu schicken, weil ich umgehend in die Gemächer der Königin gerufen wurde.

»Ich werde Lady Anne meine Aufwartung machen, sobald ich mich etwas erfrischt habe«, ließ ich den Pagen wissen.

»Ihre Majestät, die Königin, hat befohlen, dass Ihr umgehend bei Ihr zu erscheinen habt«, beharrte der Page.

Mir blieb nichts anderes übrig, als ihm in das Gebärzimmer der Königin zu folgen.

Seit Anfang des achten Monats ihrer Schwangerschaft hatte Anne darauf bestanden, sich im Gebärzimmer aufzuhalten, nur in Gesellschaft einiger weniger Hofdamen, deren undankbare Pflicht darin bestand, die Königin bei Laune zu halten. Wandvorhänge und Stoffe bedeckten jedes Fenster und sogar die Decke; die Kammer war bedrückend dunkel und erstickend. Anne lag unbequem auf einer Couch gegen mehrere Seidenkissen gelehnt. Hinter ihr führte eine breite Doppeltür aus Eiche zu einer inneren Kammer, die ähnlich drapiert und verdunkelt war. Inmitten dieses zweiten Raums stand ein wunderschönes Bett. Ich erkannte es sofort – es war das Bett meiner Mutter, das mein Vater ihr anlässlich meiner Geburt geschenkt hatte. In diesem Bett würde die anstehende königliche Geburt stattfinden, im Bett meiner Mutter! Wie konnte Anne es wagen? Wie konnte mein Vater es wagen? Annes aufgedunsenem und fahlem Aussehen nach zu schließen, stand die Geburt kurz bevor.

»Aha«, sagte Anne mit schriller Stimme. »Lady Maria ist angekommen.«

Ich stand stocksteif da. Lady Maria! Nicht »Prinzessin Maria« oder wenigstens »Madam«, sondern ein Titel, der eigentlich gar kein Titel war, als wäre ich die Tochter des niedersten, verarmtesten Barons und nicht etwa die Tochter des Königs von England.

Annes schwarze Augen funkelten in ihrem blassen Gesicht. »Hast du keine Manieren?«, zischte sie. »Dann müssen wir dir welche beibringen! Auf die Knie mit dir!«

Ich zögerte. Dies war das erste Mal, dass Anne und ich

uns Aug in Aug gegenüberstanden, seit jenem ersten Mal am Abend meiner Verlobung mit dem französischen König. Damals war ich ein Kind von zehn Jahren gewesen, das noch nichts begriffen hatte. Meine größte Befürchtung damals war die gewesen, eines Tages gezwungen zu sein, den widerlichen König Franz zu heiraten. Doch nun, da ich von der Gnade dieser heimtückischen Frau abhing, fragte ich mich, ob mein Leben nicht vielleicht angenehmer verlaufen wäre, wenn ich doch mit dem Franzosen verheiratet worden wäre.

Langsam sank ich auf die Knie.

Anne funkelte mich erbost an. »Ich habe nur Verachtung für dich übrig, Mistress Maria. Du und deine niederträchtige, Ränke schmiedende Mutter! Du bist nichts weiter als ein Bastard, das ist dir doch hoffentlich klar – ein Fehltritt! Ein Versehen, das dem König bedauerlicherweise unterlaufen ist. Doch diesen Fehler hat er nun korrigiert. Sein einziger legitimer Erbe, der zukünftige König von England, liegt hier, in meinem Leib« – sie strich über ihren dicken Bauch – »und wird innerhalb weniger Tage das Licht der Welt erblicken. Und du wirst seine Dienerin sein. Ich denke, es wird eine gute Lektion für dich sein, Windeln zu wechseln und seinen Hintern zu putzen. Das wird dich lehren, deinen Platz in dieser Welt zu begreifen.«

»Und wenn es eine Tochter wird, Madam?«, fragte ich kühn, was ich natürlich sofort bedauerte. Noch im selben Moment, als diese kecken Worte meinen Mund verlassen hatten, wusste ich, dass ich einen Fehler begangen hatte.

Ein silberner Kelch, der auf dem Tischchen neben Anne gestanden hatte, flog knapp an meinem Kopf vorbei und landete klirrend auf dem Boden. Roter Wein spritzte in alle Richtungen. Doch ich zuckte nicht mit der Wimper.

»Es ist ein Sohn! Es ist ein Sohn!«, kreischte Anne und auch eine goldfarbene Gewürzkugel segelte an mir vorbei und zerschellte an der Wand. »Die Ärzte haben es vorausgesagt, die Astrologen haben die Sterne studiert und bestätigt, dass es stimmt! Der König hat seine Wahrsager befragt und alle sind sich einig. Ich werde dem König seinen lang ersehnten Sohn und Erben schenken!«

Ich blieb auf den Knien und presste die Lippen zusammen, damit mir keine weiteren unbedachten Worte mehr entschlüpften.

»Geh mir aus den Augen!«, schrie Anne. Die Hofdamen hinter ihrer Couch traten unruhig von einem Fuß auf den anderen, ihre Röcke raschelten. Zitternd erhob ich mich und wandte mich zur Tür. »Wage es nicht, der Königin den Rücken zuzuwenden!«, brüllte Anne.

Ich hatte das Gefühl, mein Kopf steckte in einem Schraubstock. Langsam drehte ich mich wieder zu Anne um und verließ rückwärts den Raum.

Als ich an diesem Abend erschöpft auf meiner unbequemen Matratze lag, fragte ich Gott, warum er mich so hart bestrafte. Ich hatte meinem Vater eine Botschaft geschickt und ihn von meiner Ankunft im Palast unterrichtet – für den Fall, dass niemand sich die Mühe gemacht hatte, ihn darüber in Kenntnis zu setzen. Doch ich hatte keine Antwort erhalten. Gegen Abend wollte ich mich in die königliche Kapelle begeben, um die Messe zu hören, doch die Wachen des Königs, die mich nicht erkannten, versperrten mir den Weg.

Einer der Wächter hatte nur gelacht, als ich ihm sagte, wer ich bin. »Mach dich lieber wieder an deine Arbeit«, sagte er, als redete er mit einer niederen Küchenmagd, die versehentlich am falschen Ort aufgetaucht war.

Ich verbrachte eine ruhelose Nacht und schreckte immer wieder auf in der Angst, jemand könnte im Schutze der Dunkelheit mein Zimmer betreten, um mir etwas anzutun. Zudem litt ich wieder unter fast unerträglichen Kopfschmerzen. Neben mir lagen meine zwei Hofdamen, die im Schlaf hüstelten und stöhnten.

Noch vor Tagesanbruch, als ich mich gerade anschickte, meine Morgengebete zu verrichten, vermeinte ich ein leises Klopfen an der Tür zu hören. Ich stand wieder auf und wartete – nichts. Auf Zehenspitzen schlich ich zur Tür und riss sie auf – niemand! Alles nur Einbildung, dachte ich mir, doch zugleich kam mir noch ein anderer Gedanke: Anne hatte veranlasst, dass jemand mir Angst einjagte, um meine Nerven zu strapazieren.

Jeden Tag ließ Anne mich zu sich kommen und wies mich an, hinter ihrer Couch zu stehen; manchmal befahl sie mir auch zu knien, bis ich befürchtete, ohnmächtig zu werden. Wenn sie ihren Kräuterwein nachgeschenkt haben wollte, so war ich es, die ihn eingießen musste. Wenn sie ein Buch wollte, musste ich es holen. Wenn ein Kissen aufgeschüttelt werden musste, so war das meine Aufgabe. Als widerlichste Aufgabe empfand ich es, Anne ihre zinnerne Bettpfanne unterzuschieben – und später ihre Exkremente wegzutragen. Das Einzige, was mir half, diese Erniedrigungen zu ertragen, war mein brennender Hass, der mir selbst dann noch Stärke verlieh, wenn ich befürchtete, jeden Moment zusammenzubrechen.

Während dieser Tage sah ich meinen Vater nur ein einziges Mal; er betrat Annes Audienzzimmer, als ich gerade im Begriff stand, es zu verlassen, um einen von Annes kränkenden Botengängen zu verrichten. Ich war entsetzt über sein Aussehen. Er war dick geworden, seit ich ihn zuletzt gesehen hatte; seine blauen Augen schienen geschrumpft, eingebettet in Fettwülste. Seine herzliche Begrüßung überraschte mich nicht minder. »Ah, Maria, meine Perle!«, sagte er, ehe er mich umarmte und mich auf die Stirn küsste.

Sofort war Annes herrische Stimme aus ihrer Kammer zu hören. Der Gesichtsausdruck des Königs veränderte sich umgehend; sein Lächeln verschwand und er stieß mich von sich. Als er hastig von mir wegging, bemerkte ich, dass er hinkte. Ich kehrte erst in Annes Gemächer zurück, als ich mir sicher war, dass der König wieder gegangen war. Ein Klumpen Wut saß in meinem Magen – Wut auf meinen Vater, Wut auf Anne, Wut sogar auf Gott.

Ich nahm meine alte Gewohnheit des Spionierens wieder auf. Anfangs hatte es mich gekränkt, dass nur wenige der Bediensteten im Palast mich in meinen armseligen Gewändern erkannten, doch ich sollte bald herausfinden, dass die Anonymität mir ein gewisses Maß an Freiheit verlieh. Ich konnte fast nach Lust und Laune durch den Palast streifen. Doch da Anne mich viele Stunden um sich haben wollte, war ich abends oft zu müde dazu.

Eines Tages gelangte ich zufällig in einen Raum, in dem die Höflinge des Königs ihre Zeit mit Trinken und Kartenspielen verbrachten. Sie schenkten mir keine Beachtung, als ich so tat, als würde ich die Kerzendochte zurück-

schneiden, während ich die Ohren spitzte, um alles mitzu-
bekommen, was sie sich erzählten.

»Der König ist ihrer überdrüssig. Sie ist nicht mehr seine
reizende Konkubine, sondern eine zänkische Gemahlin.«

»Die Königin beschuldigt ihn sogar, sich eine Geliebte zugelegt zu haben.«

»Trifft das zu?«

»Der König leugnet.«

»Aber stimmt es denn nun?«

Ihr dröhnendes Gelächter hallte mir in den Ohren, als ich
den Raum verließ.

Nachdem dieser Alptraum etwa drei Wochen angedauert
hatte, wurde ich noch vor Morgengrauen geweckt und
ans Wochenbett befohlen: Die Wehen der Königin hatten
eingesetzt. Ich kleidete mich hastig an und sprach in aller
Eile meine Morgengebete, während Annes Zofe gelang-
weilt gähnte. Dann eilte ich durch die nur spärlich be-
leuchteten Korridore zu dem Zimmer, das als Gebärzimmer hergerichtet worden war.

Anne lag in der inneren Kammer auf dem wunderschönen Bett meiner Mutter unter einem mit Perlen bestickten Baldachin aus weißem Satin. Es herrschte eine feierli-
che, gespannte Atmosphäre. Reihenweise waren Furcht
erregende Metallinstrumente bereitgelegt worden und
mehrere Ärzte hatten sich eingefunden. Die Hofdamen
der Königin standen um das große Bett herum, betupften
Annes Stirn mit kühlenden Tüchern und flößten ihr sü-
ßen Kräuterwein ein. Jemand schlug eine Laute. Bei jeder
Wehe verzog Anne das Gesicht und stöhnte auf, doch sobald die Wehe wieder abflachte, rief sie mit strahlenden

Augen: »Erstattet dem König Bericht, dass sein Sohn zur Welt kommt!«

Doch der Tag schritt voran und Annes Wehen dauerten an. Alle Anwesenden waren erschöpft und Annes Ladys begannen sich abzuwechseln, damit jede von ihnen eine Pause einlegen konnte. Mir war es nicht erlaubt, Annes Gemächer zu verlassen, weshalb ich zusammengesunken auf einem Stuhl saß und ab und zu einnickte, während die Stunden vergingen und Annes Schreien und Stöhnen aus der inneren Kammer herüberdrangen. Die ganze Nacht über hielten sich mehrere Edelleute im Vorzimmer auf, um als Erste die freudige Nachricht zu erfahren.

Dann endlich, in den ersten Stunden des Sonntags, am siebten Tag des Monats September *Anno Domini* 1533, rüttelte Annes Tante, Lady Shelton, mich unsanft wach. »Auf die Beine, Faulpelz! Die Königin bringt den Sohn des Königs zur Welt.«

Noch halb verschlafen, folgte ich Shelton in die innere Kammer. Anne war von Hebammen und Ärzten umgeben, doch Shelton schob mich unsanft an einen freien Platz am Fußende des großen Betts. Der Anblick, der sich mir bot, war erschreckend: Überall war Blut und Annes schweißnasse Haare lagen wie ein dunkler Fleck auf dem weißen Kissen, ihre onyxfarbenen Augen glänzten vor Schmerzen. »Sagt dem König, sein Sohn ist gleich da!«, kreischte sie und mit einer letzten Presswehe rutschte das mit schleimigem Blut bedeckte Baby in diese Welt.

»Der nächste König von England«, murmelte Anne erschöpft und zufrieden. »Ich habe es geschafft!«

Ich konnte nur einen kurzen Blick auf das Neugeborene erhaschen, ehe es zum Waschen und Wickeln an eine der Hebammen weitergereicht wurde. Doch dieser eine Blick verriet mir alles, was ich wissen wollte: Das Baby war ein Mädchen!

Abgesehen vom Wimmern des Neugeborenen lag auf einmal ein betretenes Schweigen über dem Raum, während sich die Ärzte daran machten, Anne zu versorgen. Die anderen Anwesenden tauschten besorgte Blicke aus.

Erschöpft, wie sie war, schien Anne dennoch zu merken, dass etwas nicht in Ordnung war. »Warum seid Ihr so schweigsam?«, fragte sie. »Gibt es keine Jubelrufe für den zukünftigen König?«

»Madam«, wagte der oberste Arzt schließlich zu sagen, »es ist ein Mädchen. Ihr habt dem König eine neue Prinzessin geschenkt, eine wunderschöne, gesunde Tochter.«

In Erwartung der entsetzten, schmerzlichen Schluchzer trat ich vorsichtshalber einen Schritt zurück. Anne hatte alles auf eine Karte gesetzt – und verloren! Doch noch war das Spiel nicht vorüber, das war mir klar.

Die Hebammen eilten geschäftig hin und her, räumten die blutigen Leintücher weg, kämmten Annes Haare, zogen ihr ein neues Gewand an, trugen sie auf ein frisches Bett und legten ihr das gewickelte Neugeborene in die Armbeuge. Aromatische Kräuter erfrischten die Luft.

Müde ging ich hinaus auf den Korridor. Aus dem allgemeinen Tumult schloss ich, dass der König gleich eintreffen würde. Ich verspürte keinerlei Lust, dem König ausgerechnet in diesem Augenblick unter die Augen treten, weshalb ich rasch wieder ins Vorzimmer schlüpfte und mich unter die Schar der Hofdamen und Höflinge mischte. Dass der erwartete Thronfolger ein Mädchen war, hatte sich inzwischen herumgesprochen, weshalb überall nur besorgtes Geflüster zu hören war.

»Ich war anwesend, als Cromwell ihm die Nachricht überbrachte«, hörte ich den mit dem König befreundeten Lord Garrett sagen. »Der König drohte damit, alle Ärzte und Wahrsager hinrichten zu lassen, die ihm einen Sohn versprochen hatten.«

»Der König hat bereits Botschaften an alle Königshöfe Europas verfassen lassen, auf denen die Geburt eines Sohns mitgeteilt wird«, murmelte ein weiterer Freund, Lord Norris. »Die müssen nun alle neu geschrieben werden.«

»Zur Feier der Geburt seines Sohns hat er ein großes Turnier angesetzt«, flüsterte ein Dritter. »Das wird er nun sicherlich ausfallen lassen.«

Die Nerven aller Anwesenden waren bis zum Zerreißen gespannt. Alle – einschließlich mir – fürchteten sich davor, zur Zielscheibe der Enttäuschung und des Zorns des Königs zu werden. Unauffällig schob ich mich bis in die hintersten Reihen der Menge.

»Der König kommt! Macht Platz für den König!«

König Heinrich trat herein. Alle fielen auf die Knie, doch der König eilte vorbei, ohne unsere Anwesenheit auch nur zu bemerken. Wie aufgebracht er war, sah man an seinen zusammengebissenen Zähnen. Steifbeinig betrat er Annes Kammer und die Tür schloss sich hinter ihm. Die Edelleute nahmen ihr besorgtes Murmeln wieder auf und ich flüchtete mich in meine düstere Kammer. Ohne mich auszukleiden, legte ich mich auf mein Bett – Lucy und

Barbara waren in Annes Gemächer beordert worden und es war niemand da, der die Schnüre meines Gewands gelöst und mir herausgeholfen hätte – und fiel sogleich in einen unruhigen Schlaf.

Später an diesem Tag, als ich zum Speisen in die große Halle ging, hatte sich die Neuigkeit auch schon unter den niederen Höflingen und Zofen breit gemacht, an deren Tisch ich saß.

»Königin Anne soll außer sich sein und den König in einem fort um Verzeihung bitten«, wusste eine Matrone in einem leicht schmutzigen Kittel zu berichten.

»Ja, das habe ich auch gehört«, bestätigte ihre Freundin, während sie nach einem Teller Eintopf griff. »Bis jetzt ist er gut zu ihr gewesen, aber sie weiß natürlich ganz genau, dass sie einpacken kann, wenn sie es nicht schafft, ihm einen Sohn zu schenken. Dann ist sie erledigt.«

Erledigt! Ich hielt meinen Kopf über die kärgliche Scheibe Schwarzbrot gesenkt, während ich überlegte, was dies bedeuten könnte. Wenn Anne erledigt wäre, hätte ich vielleicht doch noch eine Chance, von meinem Vater wieder geliebt und akzeptiert und in meinen rechtmäßigen Stand als Thronerbin eingesetzt zu werden. Doch ich konnte mich nicht so recht freuen, denn mir war bewusst, dass der Kampf noch lange nicht vorüber war. Stattdessen verspürte ich nur eine unbestimmte Angst.

KAPITEL XIV

ELISABETH

Es gab keinen Ausweg: Anne hatte mir befohlen, der Taufe der neuen Prinzessin beizuwohnen. Nach der anstrengenden Geburt hatte Anne inzwischen wieder genügend Kraft gesammelt, um zu ihrem herrischen Gehabe zurückzufinden.

Das drei Tage alte Baby sollte Elisabeth heißen. Trotz seiner Enttäuschung darüber, dass das Kind kein Sohn geworden war, hatte König Heinrich anlässlich der Taufe ein großes Fest angeordnet.

Ich fragte mich, was ich tragen sollte. Der König würde sich bestimmt schämen, wenn ich in einem der schäbigen, von Salisbury umgearbeiteten Gewänder erschiene. Am Tag vor der Taufe schickte ich deshalb eine Bedienstete zu Cromwell, um ihm mein Problem zu schildern. Sie kehrte zurück mit der Antwort: *Nur keine Bange, Madam,* stand geschrieben. *Alle Augen werden auf der neuen Prinzessin ruhen. Eure Kleidung wird für niemanden von Interesse sein.*

Gekleidet in ein abgelegtes Kleid von Salisbury, das so alt war, dass die weinrote Seide schon erste kleine Risse hatte, wurde ich aufgefordert, in der Prozession hinter den Adeligen und ihren prunkvoll herausgeputzten Gemahlinnen zu gehen. Cromwell hatte Recht gehabt: Niemand beachtete mich. Darüber war ich sowohl erleichtert als auch zornig.

An diesem Abend glühte der Himmel über London in einem rötlichen Licht, als er die Lichter der unzähligen Fackeln widerspiegelte, die zu Ehren von Prinzessin Elisabeth angezündet worden waren. Wenige Tage später fand eine weitere prunkvolle Feier statt, zu der ich jedoch nicht geladen war: Elisabeth wurde zur Prinzessin von Wales ernannt.

Die neugeborene Prinzessin hatte meinen Titel erhalten! An diesem Abend, als ich beim Essen in der Großen Halle saß, erhob sich Annes Onkel, der Herzog von Norfolk, und verlas ein offizielles Dokument: »Elisabeth, die hochwohlgeborene Prinzessin von England, wird hiermit zur Prinzessin von Wales ernannt. Es wurden bereits Botschafter ausgesandt, die diese Nachricht im ganzen Königreich verbreiten.«

Es gab einen Trompetentusch, die Anwesenden klatschten Beifall und die Zofen, die an der langen Tafel in meiner Nähe saßen, blickten neugierig zu mir herüber. Ich hielt den Kopf aufrecht und blickte starr vor mich hin, wobei mir meine strenge Ausbildung in Sachen Disziplin und Selbstbeherrschung zugute kam, um meine Wut und mein Verletztsein zu verbergen. Was ging den Frauen wohl durch den Kopf? Hatten sie Mitleid mit mir? Fanden sie, dass ich eine solche Behandlung verdient hatte? Oder verbargen sie hinter ihrem einschmeichelnden und unterwürfigen Lächeln ihren Hass auf Anne und beteten insgeheim um Annes Tod, genau wie ich, obwohl mir natürlich bewusst war, dass ich damit eine Todsünde beging.

In all den Wochen, die ich in Greenwich verbrachte, sprach ich nur ein einziges Mal mit meinem Vater; nach allem, was geschehen war, hatte ich allerdings auch nicht das Bedürfnis, ihn erneut zu sprechen. Nachdem ich erfahren hatte, dass Elisabeth meinen Titel erhalten hatte, beschloss ich nach Beaulieu zurückzufahren, sobald es mir möglich sein würde. Innerhalb weniger Stunden erteilte Cromwell mir seine Erlaubnis und ich wies meine Zofen an, so rasch wie möglich meine wenigen Habseligkeiten zu packen.

Ich hätte mir gewünscht, ein eigenes Pferd zu haben; dann wäre ich schneller gewesen. Stattdessen war ich gezwungen, die Reise in einer unbequemen Kutsche, eingeschlossen und bei zugezogenen Vorhängen, hinter mich zu bringen. Erst als wir hufeklappernd durch die Tore von Beaulieu fuhren, wagte ich es, die Vorhänge zurückzuziehen. Die Gräfin eilte uns entgegen. Salisbury sah müde und abgehärmt aus – und auch sehr besorgt.

»Ihr habt einen Besucher, Madam«, sagte sie. »Norfolk kam vor etwa einer Stunde hier an. Er muss Euch unterwegs überholt haben. Habt Ihr ihn nicht gesehen?«

»Nein«, antwortete ich. »Cromwells Anweisungen befolgend, ließ ich meine Vorhänge geschlossen, ich konnte ihn gar nicht sehen. Wo ist er?«

»In den königlichen Gemächern, Madam. Mit seiner Tochter, Lady Susan.«

Ich eilte umgehend in mein Audienzzimmer, wo ich Lady Susan unter Tränen vor ihrem Vater kniend vorfand. Er hatte die Hand erhoben, als wolle er sie schlagen, und ich vermutete, dass es nicht der erste Schlag gewesen wäre. »Lord Norfolk«, sagte ich in scharfem Ton.

Der Herzog wirbelte herum und schaute mich finster an, wobei seine Reptilienaugen funkelten. »Lady Maria«, sagte er mit einer angedeuteten Kopfbewegung. Er besaß die Frechheit, sich weder zu verbeugen noch sich niederzuknien, und mir entging auch nicht der leise Spott in seiner Stimme. Er hatte mich absichtlich nicht als Prinzessin angesprochen.

»Was verschafft mir die Ehre Eures Besuchs?«, erkundigte ich mich mit kühler Stimme und tat so, als habe ich sein beleidigendes Verhalten nicht bemerkt.

»Es ist kein gesellschaftlicher Besuch, Miss. Ich bin gekommen, um Euch mitzuteilen, dass Euer Anspruch auf den Titel Prinzessin von Wales erloschen ist, nachdem er an Eure Halbschwester Elisabeth verliehen worden ist. Ihr seid ein Bastard und fortan darf Euch niemand mehr als Prinzessin anreden. Wer es trotzdem wagt, begeht Landesverrat. Ihr werdet von nun an als Lady Maria angesprochen werden. Ich werde Eure Erzieherin, die Gräfin Salisbury, davon in Kenntnis setzen, die es ihrerseits Eurem Haushalt mitteilen wird. Ich brauche Euch wohl nicht daran zu erinnern, dass auf Landesverrat die Todesstrafe steht. Als Bastard des Königs steht Ihr im Rang noch unter meiner Tochter« – er warf einen Blick auf Susan, die sich in einer Ecke zusammengekauert hatte –, »die sich zumindest als eheliches Kind bezeichnen darf.«

Ich musste alle Scherben meines Selbstwertgefühls zusammenkratzen, um wenigstens aufrecht stehen zu bleiben. »Ich werde umgehend an meinen Vater schreiben und ihn bitten, seinen Irrtum wieder zu berichtigen.«

Norfolk lachte höhnisch. »Das wird nichts nützen, das kann ich Euch versichern. Und wartet, ich bin noch nicht fertig. Ihr müsst das juwelenbesetzte Diadem zurückgeben, das nunmehr der rechtmäßigen Prinzessin von Wales zusteht. Außerdem seid Ihr angewiesen, Beaulieu zu verlassen, da der König es dem Bruder von Königin Anne, dem Vicomte von Rochford, geschenkt hat. Euch wird befohlen, Euch in aller Eile nach Hatfield zu begeben, da Euch die Königin großzügigerweise zur Zofe von Elisabeth, der Prinzessin von England und Wales, ernannt hat. Die Reise werdet Ihr ohne Begleitpersonen antreten. Ihr seid mittlerweile selbst eine Dienstmagd und folglich nicht berechtigt, eigenes Dienstpersonal zu haben.«

Meine Selbstkontrolle ließ mich im Stich. Doch während ich noch empört nach Luft rang, sprang Lady Susan mit einem Aufschrei auf die Beine und stürzte sich auf ihren Vater. »Wie könnt Ihr es wagen?«, kreischte sie. »Wie könnt Ihr es wagen, in diesem Ton mit der Prinzessin zu sprechen!«

Der Herzog schlug Susan mit der flachen Hand ins Gesicht, woraufhin diese rückwärts durch das Zimmer stolperte und gegen eine Tischkante prallte. Zusammengekauert landete sie auf dem Boden.

»Du Närrin!«, fauchte ihr Vater und beugte sich über sie. Der Schlag hatte ihre Lippe aufgerissen, aus der nun Blut tropfte. »Du hast gerade Landesverrat begangen. Zudem hast du deinen Vater aufs Gröbste beleidigt. Ist dir nicht klar, dass ich die Macht habe, über dein Leben oder deinen Tod zu bestimmen?« Der Herzog holte mit dem Fuß aus, um sie zu treten, doch Susan rutschte rechtzeitig zurück, um der vollen Wucht des Tritts zu entgehen.

Zornentbrannt machte Norfolk auf dem Absatz kehrt und

stürmte hinaus. Sprachlos starrte ich auf die dünne Blutspur, die über Susans Kinn lief. Obwohl ich sie trösten wollte und instinktiv nach meinem Taschentuch griff, um ihr das Blut abzuwischen, hatte ich das Gefühl, all meine Lebenskräfte hätten mich verlassen. Ich war außer Stande, auch nur einen Schritt auf Susan zuzumachen, einen Schritt vorwärts in mein erbärmliches Leben.

Wie erstarrt, unfähig auch nur einen klaren Gedanken zu fassen oder mir eines Gefühls bewusst zu werden, sah ich teilnahmslos mit an, wie meine Bediensteten mein Hab und Gut einpackten. Salisbury hingegen war in heller Aufregung. Ich hörte nur mit halbem Ohr zu, während die Gräfin ihren Gefühlen freien Lauf ließ und gegen den König, die Königin und Norfolk wetterte.

»Wie niederträchtig, wie verachtenswert!«, schimpfte sie ein ums andere Mal. »Ehe Norfolk ging, habe ich ihm angeboten, dass ich mit Euch kommen werde und dass ich auf eigene Kosten eine ausreichende Anzahl von Bediensteten mitnehme, wie es der Tochter eines Königs zusteht. Doch er lachte mir ins Gesicht, der arrogante Schurke! ›Kommt nicht in Frage‹, schnaubte er. ›Ihr seid es, Gräfin, die schuld daran ist, dass Lady Maria so störrisch und verstockt wurde. Wenn sie Eurem Einfluss entzogen ist, wird sie es vielleicht lernen, sich den Wünschen des Königs zu beugen.‹« Plötzlich blieb sie stehen und erlaubte sich ein dünnes Lächeln. »Was er nicht zu begreifen scheint, ist, dass Eure Sturheit angeboren ist, ein Erbe Eures Vaters. Ihr wart schon störrisch von dem Tag an, an dem Ihr den Leib Eurer Mutter verlassen habt.«

Das Packen dauerte nicht sehr lange. Abgesehen von

dem goldenen Diadem, das Norfolk von Salisbury verlangt und gleich mitgenommen hatte, musste ich auch sämtliche Juwelen, sämtliche Pelze und alle Silber- und Goldteller zurücklassen. Mein Bett mit den zwei dicken Matratzen und den Zudecken aus Satin und Damast blieben für den Vicomte und seine Gemahlin zurück. Alle Gegenstände, die mit meinem Leben als Prinzessin zu tun hatten, wurden mir weggenommen. Was blieb mir noch?

Mir war lediglich gestattet, meine wenigen schäbigen Gewänder, Tuniken und Unterröcke, den Umhang aus Wolle und einige meiner persönlichen Schätze mitzunehmen. Einen nach dem anderen nahm ich in die Hand, betrachtete ihn und legte ihn wieder weg. Da war das emaillierte Kästchen mit den Szenen aus Hiobs Leben, das Reginald mir geschenkt hatte – der liebe, gute Reginald, der längst aus meinem Leben verschwunden war. Das juwelenbesetzte Kreuz, ein Geschenk meiner Mutter, die ich seit langer Zeit nicht mehr hatte sehen dürfen und der ich auch nicht mehr schreiben durfte. Das reich bebilderte Gebetbuch, in dem ich seit meiner Kindheit täglich las, ein Geschenk des inzwischen verstorbenen Wolseys. Meine Laute, die mein Vater mir geschenkt hatte, der mich anfangs auch darin unterrichtet hatte. Die bestickte kleine Haube, die einst mein Falke getragen hatte – meine geliebte Noisette, der ich glücklicherweise die Freiheit geschenkt hatte! Teilnahmslos sah ich mit an, wie meine Bediensteten all diese Dinge, an denen mein Herz hing, in eine kleine Truhe packten.

Die meisten meiner Ladys sollten in Beaulieu bleiben, um Annes Schwägerin, der Vicomtesse, zu dienen. Nur drei von ihnen reisten ebenfalls ab. Lady Maud und Lady Winifred waren nach London an den Hof von Anne gerufen worden, Lady Susan sollte im November den Grafen von Chichester heiraten; es sollte die erste große Hochzeit am Hof von Königin Anne seit ihrer Krönung werden.

An einem grauen und regnerischen Donnerstagmorgen kam auf Cromwells Geheiß ein Trupp berittener Soldaten, der mich nach Hatfield begleiten sollte. Ich ging in das Zimmer meiner Ladys, um mich von ihnen zu verabschieden. Die meisten wichen meinem Blick aus, doch Maud und Winifred waren tränenüberströmt. Susan war ungewöhnlich gefasst. Ihre Lippe war wieder geheilt und der violette Fleck auf ihrer Wange war schon fast verblasst. Sie hatte die Hände im Schoß gefaltet, ihre Augen wirkten leblos.

Ich setzte mich neben sie und nahm eine ihrer Hände. Sie war kalt und schlaff. Ich rieb sie, um sie zu wärmen. »Ich weiß, dass du mir immer eine wahre Freundin warst«, sagte ich leise. »Und dafür bin ich dir sehr dankbar.«

Susan nickte und blickte mich aus ihren großen blauen Augen an. »Nie hätte ich gedacht, dass unser beider Leben so enden würde«, sagte sie traurig. »Wenn ich die Mittel oder den Mut hätte, würde ich mir das Leben nehmen. Doch mir fehlt beides . . .«

»Nein, Susan«, flüsterte ich. »Wir müssen durchhalten. Eines Tages werde ich Königin sein, dann werde ich dich rufen lassen und du wirst an meiner Seite sein.« Ich beugte mich zu ihr und küsste sie auf die Wange. »Meine gute, treue Freundin«, sagte ich zum Abschied, ehe ich mich erhob und zum Gehen wandte. Doch plötzlich war es mit Susans Ruhe dahin. Sie sprang auf und warf sich mir schluchzend an den Hals.

»Ich werde Euch niemals wiedersehen, Maria!«, schluchzte sie. »Das spüre ich in meinem Herzen.«

Ich musste genügend Kraft für uns beide haben. »Red keinen Unsinn«, sagte ich mit einer Kälte, die ich nicht verspürte. Doch ich erwiderte ihre Umarmung mit aller Wärme, die meine Arme auszudrücken vermochten, und flüsterte: »Sei tapfer, liebe Susan.« Dann ließ ich sie wieder los und verließ den Raum mit zitternden Knien.

Im Korridor stieß ich auf Salisbury. »Sie warten, Maria«, sagte die Gräfin. Meine Erzieherin, die mir Mut und Selbstbeherrschtheit beigebracht hatte, hatte sich inzwischen wieder gefasst und zeigte keinerlei Emotionen mehr.

»Ich weiß. Ich bin bereit.«

Norfolk hatte sich nachsichtig gezeigt und mir zwei Dienstmädchen zugestanden – eine ältere und eine junge, ziemlich unbeholfene Frau. Die übrigen Mitglieder meines ehemaligen Haushalts hatten sich im Hof versammelt, um mir Lebewohl zu sagen. Die Männer traten verlegen von einem Fuß auf den anderen, die Frauen weinten unverhohlen. Ich ging zu jedem von ihnen, legte ihnen eine Hand auf den Arm oder auf die Schulter und murmelte: »Gott schütze dich.« Wenn ich nur in Bewegung blieb und nicht zu lang bei jedem verweilte, so hoffte ich, würde ich das Ganze schon irgendwie hinter mich bringen.

Die Letzte, die sich von mir verabschiedete, war Salisbury. Die nunmehr schluchzende Gräfin nahm mich in ihre Arme und drückte mich fest an sich. Einen Moment lang hatte ich Angst, mein Herz würde zerspringen vor Traurigkeit und ungeweinten Tränen, die ich nur mühsam zurückhalten konnte, während ich vor Anstrengung zitterte. Doch sobald ich in die unbequeme Kutsche geklettert war und die Vorhänge zugezogen hatte, ließ ich meinen Tränen freien Lauf.

KAPITEL XV

DIENERIN DER PRINZESSIN

Wegen der bevorstehenden Ankunft von Prinzessin Elisabeth fand ich im Hatfield-Palast eine große Aufregung vor. Die Vorbereitungen waren in vollem Gange – neue Möbel, neue Wandbehänge, neue Silber- und Goldteller und Kelche. Die Tanten der Königin führten die Aufsicht: Lady Alice Clere, eine kleine, teiggesichtige Frau mit zu eng zusammenstehenden Augen, und Lady Anne Shelton, deren krächzende Stimme und spitze Gesichtszüge erahnen ließen, wie Anne in zwanzig Jahren aussehen würde. Shelton hatte die Oberaufsicht über die Pflege des königlichen Kindes inne, Clere regierte über den Rest des Haushalts.

Mir wurde ein Zimmer in der Nähe des königlichen Kinderzimmers zugewiesen. Hatfield war ein entzückendes Landhaus, an einem herrlich bewaldeten Anhang gelegen, doch das Zimmer, das mir zugeteilt wurde, war klein und düster. Darin befanden sich ein paar Holzhaken, an die ich meine Kleidung hängen konnte, und ein rauer Holztisch, auf dem ich meine wenigen Bücher und Schätze abstellte. Die Matratze war mit Stroh gefüllt, das aus einem Riss im Stoff herausquoll; die dünne Wolldecke war von Motten befallen. Meine beiden Dienerinnen, die alte Nell und die junge Bessie, mussten sich eine Pritsche auf dem Fußboden teilen. Wir drei würden unsere Mahlzeiten mit den geringeren Mägden am Gesindetisch in der Großen Halle einnehmen.

Lady Shelton unterrichtete mich über meine Pflichten. »Die Windeln wechseln«, krächzte sie mit ihrer rauen Stimme und ein Grinsen enthüllte ihre Zahnlücken. »Die Königin selbst hat es befohlen: Ihr müsst die schmutzigen Windeln der Prinzessin wechseln, sobald sie voll oder nass sind. Ihr und niemand sonst, Lady Maria«, fügte sie abschätzig hinzu.

Als ich mich zum Abendessen in die große Halle begab, drehte sich mir schon der Magen um; ich hatte das Gefühl, alle machten sich über mich lustig. Die Zofen rauschten lachend und plaudernd an mir vorbei. Sie saßen zusammen an einem Ende der langen Tafel, warfen mir immer wieder neugierige Blicke zu und flüsterten untereinander. Ich saß mit Nell und Bessie allein am anderen Ende der Tafel. Zum ersten Mal in meinem Leben hatte ich keinen Vorkoster. Ich hatte noch nie einen Bissen zu mir genommen, den nicht zuvor jemand gekostet hatte, um sicher zu gehen, dass das Essen nicht vergiftet war. Besorgt und lustlos stocherte ich auf meinem Teller herum, ehe ich ihn schließlich beiseite schob.

Die Mägde hatten uns einen Teller mit Fleisch vorgesetzt, den ich mit Nell und Bessie zu teilen hatte. Diese Mägde behandelten mich absichtlich grob, schenkten mir kein Ale nach und warfen meinen Becher einmal sogar um. »Eine Schande!«, schimpfte Nell, als sie die Flüssigkeit aufwischte.

An diesem Abend versuchte ich vergeblich einzuschlafen, doch in meiner Kammer war es kalt; ich hatte nur ein rauchiges Kohlenbecken, das die schlimmste Kälte fern hielt. Höflich erkundigte ich mich bei einem der Hausdiener, ob ich eine weitere Zudecke bekommen könne, doch er schnitt nur eine Grimasse und ging weiter seines Weges. Mir blieb nichts anderes übrig, als mich in meinen Umhang zu hüllen, um wenigstens ein paar Stunden schlafen zu können.

Ich versuchte zu beten, doch es gelang mir nicht. Ich hatte das Gefühl, selbst Gott hatte sich von mir abgewandt.

Ich war noch keinen Monat in Hatfield, als die königliche Kutsche mit der in einen Hermelinpelz gewickelten Prinzessin Elisabeth eintraf. Lady Shelton trug sie in den Palast und befahl mir als Erstes die königlichen Windeln zu wechseln.

Doch ich hatte nicht die leiseste Ahnung, wie man das machte, und auch Shelton wusste es ganz offensichtlich nicht. Die kleine Elisabeth schrie aus Leibeskräften. Schließlich zeigte uns eine der Bediensteten, die mit der Reisegesellschaft aus Greenwich gekommen war, wie man die schmutzige Windel entfernte und durch eine frische ersetzte. In der Zwischenzeit fuchtelte Elisabeth mit hochrotem, zornigem Gesicht mit ihren kleinen, geballten Fäusten und strampelte mit ihren stämmigen Beinchen.

»Lu la lu«, summte ich ihr leise vor. »Lu la lu.«

Verdutzt hörte das Baby auf zu schreien und bekam einen Schluckauf. Es starrte mich mit klaren, runden Äuglein an und ich nutzte die kleine Pause, um die frische Windel um ihren Bauch zu schlingen und zu verschließen. Danach konnte ich ihr kleines besticktes Kleidchen wieder ordentlich herunterstreifen. Erst da begann Elisabeth zu lächeln, ein Lächeln reinster Freude und Unschuld. Ich konnte nicht anders – ich lächelte zurück und mein Herz öffnete sich einen klitzekleinen Spalt.

Mein achtzehnter Geburtstag rückte näher, während ich mich von allen Seiten von Feinden umgeben wusste. Von Anne prasselte ein beständiger Strom von Befehlen auf mich ein. Sie bestand darauf, dass ihre Tochter jeden nur denkbaren Luxus bekam, ihr jedes Symbol ihrer königlichen Geburt erwiesen wurde. Mochte die Kirche Elisabeth auch als Bastard sehen, es war offensichtlich, dass die Familie ihrer Mutter ganz anderer Meinung war. Tag und Nacht wurde ich an meine niedere Stellung erinnert: Ich durfte das Zimmer nicht verlassen, ehe nicht Elisabeth hinausgetragen worden war; ich hatte stets hinter der Prinzessin zu gehen. Und die Anzahl der nassen und schmutzigen Windeln nahm nicht ab.

Meine Kopfschmerzen hatten sich verschlimmert, manchmal waren sie so grässlich, dass ich mich nicht aus dem Bett schleppen konnte, selbst wenn ich das Baby schreien hörte. Doch dann dauerte es nicht lange, bis Shelton mit lauter, herrischer Stimme nach mir rief und mir befahl, mich sofort zu erheben. »Macht mich nicht zornig, Miss!«, fauchte sie dann. »Sonst lasse ich Euch für Eure Anmaßung auspeitschen. Oder ich werde selbst handgreiflich!«

Meine einzige Waffe waren Schweigen und Gehorsam. Shelton drohte zwar häufig und lautstark, doch bisher war noch kein Stock auf meinen Rücken niedergesaust.

Ich hatte keinerlei Privatsphäre mehr. Briefe von Salisbury wurden grundsätzlich geöffnet und gelesen. Von Chapuys hörte ich nichts mehr. Hatte auch er mich im Stich gelassen? Ich versuchte ihm zu schreiben, wobei ich sorgfältig darauf achtete, den Brief so zu formulieren, dass meine Angst und meine Verzweiflung nur zwischen den Zeilen versteckt waren. Ich versiegelte das Schreiben nicht, denn mir war klar, dass es ohnehin von Dritten geöffnet und gelesen werden würde. Das Schreiben verschwand zwar von meinem Tisch, doch ich bezweifelte, dass es ihm jemals zugestellt wurde, und ich bezweifelte auch, dass sein Brief mich jemals erreicht hätte, falls er mir geantwortet hatte.

Ich stellte fest, dass jemand meine persönlichen Gegenstände durchwühlte; der Verschluss des emaillierten Kästchens, das Reginald mir geschenkt hatte, war zerbrochen, eine Seite meines Gebetbuchs zerrissen. Dies alles geschah nur, um mir zu demonstrieren, dass ich nichts mehr hatte, das mir gehörte, und dass es auch niemanden mehr gab, der zu mir stand.

Am Abend meines Geburtstags erfuhr ich zwei Neuigkeiten. Die erste war, dass Nell und Bessie weggeschickt wurden. Ich würde fortan keine Bediensteten mehr haben.

Doch die zweite Neuigkeit war mehr als dazu angetan, mich über diesen Verlust hinwegzutrösten. Prinzessin Elisabeth sollte ein neues Kindermädchen erhalten, Lady Margaret Bryan, die auch schon mein Kindermädchen gewesen war. Sie war es gewesen, die mir das Abc beigebracht hatte und auch, wie man aus einer Tasse trinkt und mit einem Löffel isst. Ich dachte noch immer mit großer Zuneigung an sie zurück.

Gleich nach Lady Margarets Ankunft eilte ich umgehend zu ihr, um meine alte Vertraute zu begrüßen, einsam und verlassen, wie ich war. Sie war rund geworden wie eine kleine Tonne, ihre einst glatte Haut war faltig, ihre kastanienbraunen Haare waren fast weiß geworden. Doch als ich ihr meine Arme entgegenstreckte, wandte sie sich stirnrunzelnd ab.

»Ihr seid nichts anderes mehr als eine niedere Dienstmagd, Lady Maria«, sagte Bryan tadelnd. »Hütet Euch davor, Euch über diesen Rang zu erheben und Begünstigungen erhaschen zu wollen.«

Ich war wie vor den Kopf gestoßen und konnte es nicht fassen, dass meine geliebte Kinderfrau so barsch mit mir gesprochen hatte. Dann wandte sich Bryan ungerührt an Clere und Shelton und teilte ihnen mit, dass ich auf Befehl der Königin alle Anweisungen direkt von ihr, Bryan, erhalten würde. »Ich bin durchaus im Stande, sie auch zu ohrfeigen, wenn sie es verdient«, versicherte sie ihnen. »Und vielleicht tue ich das auch ohne jeden Anlass.«

Shelton und Clere lächelten hämisch. Ich fühlte mich schmerzlich erniedrigt, bemühte mich aber mit aller Kraft, meine Gefühle nicht zu zeigen, obwohl ich wusste, dass es mir neue Kopfschmerzen einbrachte. Und es sollte keine Stunde dauern, bis Bryan mich streng ausschimpfte, weil ich die Windeln des Babys angeblich falsch zugebunden hatte.

»Lady Margaret«, sagte ich flehentlich, während mein Kopf zum Zerspringen hämmerte, »Ihr habt doch sicherlich nicht vergessen, dass Ihr dereinst so fürsorglich für mich gesorgt habt wie Ihr es nun für dieses Kind tut –«

»Damals wart Ihr eine Prinzessin«, antwortete Bryan kühl. »Nun seid Ihr nichts weiter als ein Bastard.«

Ich biss mir auf die Unterlippe, bis Blut kam. Wie war es möglich, dass meine alte Vertraute sich so gnadenlos von mir abgewandt hatte?

Später an diesem Abend, als ich mich ruhelos auf meiner schäbigen Matratze wälzte, wurde lautlos meine Zimmertür geöffnet. Ich lag reglos da, wagte kaum zu atmen; nun, da Nell und Bessie weggeschickt worden waren, hatte ich niemanden mehr, der mir zu Hilfe gekommen wäre. Ich sah eine vermummte Gestalt im Türrahmen stehen, die Kapuze tief ins Gesicht gezogen. Vielleicht war der Moment gekommen, vor dem Salisbury solche Angst gehabt hatte: Der Angreifer würde mich meiner Jungfräulichkeit berauben und mich für immer und ewig befleckt zurücklassen.

Ich hatte mir angewöhnt, mit einem schweren Kerzenhalter aus Holz an meiner Seite zu schlafen, nach welchem ich nun vorsichtig tastete. Wenn nur ein einziger Angreifer gekommen war, würde ich ihn damit möglicherweise erfolgreich in die Flucht schlagen können. Sollten es jedoch mehrere sein, dann wäre ich hilflos – und verloren. Trotzdem würde ich nicht kampflos aufgeben. Meine Finger krallten sich um den Kerzenhalter, während ich mit angehaltenem Atem wartete. Ich hörte, wie die Tür leise wieder geschlossen wurde.

»Prinzessin Maria!«, erkannte ich Bryans Flüstern. Sie nahm die Kapuze vom Kopf und fiel auf ihre Knie. »Ich bitte Euch untertänigst um Verzeihung. Ich kam, sobald es mir möglich war. Ich weiß, dass ich überwacht werde – Shelton vertraut mir noch nicht ganz und ich muss mich erst beweisen. Deshalb bin ich gezwungen, so hart mit Euch umzugehen.«

Ich sprang aus dem Bett und fiel meiner alten Kinderfrau um den Hals. »Oh, Bryan! Ihr begebt Euch in große Gefahr, indem Ihr hierher gekommen seid. Und es ist Hochverrat, mich mit meinem Titel anzureden – das wisst Ihr doch sicherlich. Ich bitte Euch, seid auf der Hut! Im Palast wimmelt es nur so von Spionen der Königin.«

»Dann bleibt uns wohl nichts anderes übrig, als eigene Spione anzuwerben. Dass ich hier bin, verdanke ich nur meinem Neffen, Sir Francis Peacham. Erinnert Ihr Euch noch an ihn?«

Ich nickte; ich erinnerte mich in der Tat an ihn – er war ein Freund meines Vaters, der uns bei Banketten häufig mit seinem schwungvollen Flötenspiel erfreut hatte.

»Francis ist ein Günstling am Hof, doch insgeheim verachtet er die neue Königin«, erklärte mir Bryan. »Er spielt für sie auf der Flöte, doch er muss stets darauf achten, die Eifersucht des Königs nicht zu erregen. Eine der Hofdamen der Königin ist rettungslos in meinen Neffen verliebt; und um ihm einen Gefallen zu tun, hat diese Hofdame die Königin überredet, mich als Kinderfrau der kleinen Prinzessin einzustellen. Und nun bin ich hier! Ich fürchte, es gibt nur wenig, was ich für Euch tun kann, abgesehen davon, Euch eine treue Freundin zu sein. Francis wird am Hof der Königin für uns Auge und Ohr sein; er wird uns stets auf dem Laufenden halten, wenn es ihm möglich ist.«

»Ich bin Euch beiden ja so dankbar«, sagte ich überschwänglich.

»Aber ich warne Euch«, fuhr Bryan fort. »Ich muss weiterhin mit Euch schimpfen, sobald jemand in der Nähe ist, vielleicht muss ich Euch sogar schlagen, allerdings sicher nicht hart, damit die beiden Teufelinnen Shelton und Clere keinen Verdacht schöpfen. Aber nun«, sagte sie und zog sich die Kapuze wieder über den Kopf, »muss ich gehen. Ich war lange genug hier. Sie dürfen uns nicht entdecken.« Wir umarmten uns herzlich. »Bleibt tapfer!«, flüsterte sie und schon im nächsten Moment war sie im düsteren Korridor verschwunden.

KAPITEL XVI

DER DOPPELEID

Es war Shelton selbst, die mir triumphierend die Nachricht überbrachte: »König Heinrich hat sich zum Oberhaupt der Kirche von England ernannt. Er verlangt, dass jeder seiner Untergebenen einen Doppeleid ablegt, der besagt, dass er das Oberhaupt der Kirche ist und dass die Kinder aus seiner Verbindung mit Anne seine rechtmäßigen Thronerben sind«, sagte sie. »Wer den Eid nicht unterzeichnet, wird als Verräter mit dem Tode bestraft.« Boshaft grinste sie mich an. »Habt Ihr verstanden, Lady Maria?«

Ich hatte verstanden. Mit meiner Unterschrift würde ich zugeben, dass ich ein Bastard war. »Ich werde nicht unterzeichnen«, sagte ich wesentlich ruhiger als mir zu Mute war. Daran, was diese Weigerung für Folgen haben könnte, wollte ich lieber nicht denken.

»Der König wird Euch köpfen lassen!«, zischte Shelton. »Meine Nichte, die Königin, hat schon damit gedroht, Euch vergiften zu lassen. Das habe ich aus ihrem eigenen Munde gehört.«

»Ich werde nicht unterzeichnen«, wiederholte ich störrisch.

Stattdessen schrieb ich einen Brief an König Heinrich. *Ihr seid mein Vater und mein König,* schrieb ich, *und ich ver-*

spreche Euch in jeder Hinsicht Gehorsamkeit. Nur in einem Punkt kann ich Euch nicht Recht geben: Ich bin Eure rechtmäßige Tochter, geboren aus der rechtmäßigen Verbindung mit meiner Mutter Katharina. Ich unterzeichnete mit *Prinzessin Maria,* dem Titel, den zu gebrauchen er mir verboten hatte.

Dann wartete ich, voller Angst, aber auch voller Entschlossenheit.

Vom König selbst kam keine Antwort. Stattdessen schickte Anne mir eine Botschaft, in der sie verlangte, dass ich nach Greenwich kommen müsse, um ihr, der neuen Königin, meine Aufwartung zu machen. *Durch diese so große und dennoch recht kleine Tat,* schrieb Anne, *könnt Ihr Euch zukünftig wieder das Wohlwollen und die Zuneigung des Königs sichern.*

Zornentbrannt zerriss ich Annes Brief in tausend kleine Fetzen und schrieb ihr eine kurze, eilige Antwort. *Ich kenne keine andere Königin von England als meine Mutter, Königin Katharina, und allein sie werde ich ehren.*

Diese Reaktion stürzte Bryan in große Besorgnis. »Ich flehe Euch an, Madam, unterwerft Euch dem Willen des Königs. Tut, was er Euch befiehlt. Nur wenn Ihr Eure Unehelichkeit anerkennt, könnt Ihr auch in Zukunft in Frieden leben.«

»Das kann ich nicht«, antwortete ich ruhig. »Es ist *Gottes* Wille, dass ich eines Tages England regiere.«

»Ihr könnt aber nicht regieren, wenn Ihr nicht mehr lebt, Maria«, gab Bryan zu bedenken.

»Gott wird seine schützende Hand über mich halten.« Doch es gelang mir selbst nicht recht, an diese Worte zu glauben.

Einige Tage danach gelang es Sir Francis, mir heimlich ein Schreiben von Chapuys zukommen zu lassen, der mich warnte: *Wenn Ihr Euch nicht dem Willen des Königs unterwerft und Euren Status als uneheliches Kind anerkennt, lauft Ihr Gefahr, im Kerker zu landen und möglicherweise sogar gefoltert zu werden. Anne ist mehr als entschlossen, das ›stolze spanische Blut‹ – wie sie sagt – in Euren Adern zum Schweigen zu bringen.*

Doch ich verweigerte meine Unterschrift auch weiterhin. Deshalb war es keine große Überraschung für mich, als eines Nachts Wachen in mein Zimmer eindrangen, wo ich mich schlaflos auf der Matratze wälzte, und mich aus dem Bett zogen. Shelton war bei ihnen und ihre Augen glänzten vor Schadenfreude. Trotz der in mir aufsteigenden Panik schrie ich nicht; diese Freude wollte ich ihr nicht machen.

Wenig später schloss sich die Kerkertür hinter mir.

»Hier werdet Ihr bleiben«, rief Shelton mir durch das vergitterte Fensterchen zu, »bis Ihr Eure Sturheit abgelegt habt.« Ich hörte das Geräusch eines Schlüssels, der umgedreht wurde, und gleich darauf Schritte, die im Gang verhallten.

Meine Zelle lag irgendwo in den Kellergewölben von Hatfield. In allen königlichen Palästen gab es Verliese, schmutzige kleine Zellen, in die Diebe, Trunkenbolde und andere Unholde geworfen wurden, die sich den Zorn der königlichen Bewohner zugezogen hatten. Vorsichtig tastete ich mich durch die stockdunkle Finsternis, um die Größe und die Form meiner Kerkerzelle auszumachen. Es waren fünf Schritte in die eine, drei Schritte in die andere Richtung. Ich stieß gegen ein raues Brett an einer Wand und stolperte über einen Eimer für die Notdurft.

Als meine Augen sich einigermaßen an die Finsternis gewöhnt hatten, konnte ich einen kleinen Ausschnitt in der dicken Holztür erkennen, der mit einem Metallgitter überzogen war. Das spärliche Licht einer Fackel irgendwo im Gang fiel durch diese Öffnung und warf ein rechteckiges Muster auf den Steinfußboden.

Ich kroch zu der nackten Holzpritsche und ließ mich darauf nieder. In der Zelle war es kalt und ich hatte nicht einmal einen Schal dabei. Zitternd fragte ich mich, wie lange ich wohl hier gefangen gehalten werden würde.

Sie werden mich hier doch bestimmt nicht sterben lassen, dachte ich mir. Das gäbe einen zu großen Skandal. Wenn ich schon sterben sollte, dann sicher auf raffiniertere Weise – durch eine Prise Gift in der Suppe, durch ein Kissen, das des Nachts auf mein Gesicht gedrückt wurde – sodass man der Welt mitteilen könnte, die Bastardtochter des Königs wäre eines natürlichen Todes gestorben. Es war allgemein bekannt, dass ich des Öfteren von Schmerzen heimgesucht wurde – Kopfschmerzen, Bauchkrämpfe während der Monatsregel oder wegen meiner schlechten Verdauung. Wer könnte oder wollte schon beweisen, dass mein Tod absichtlich herbeigeführt worden war?

Aber vielleicht würde ich auch gefoltert werden und die Folter fürchtete ich mehr als den Tod selbst. Auf welche Art und Weise würde ich gefoltert werden? Wie lange würde ich stark bleiben? Körperlich war ich noch nie sehr widerstandsfähig gewesen.

Ich versuchte zu beten und hatte das Gefühl, dass Gott mich erhörte, denn nach einer Weile wurde ich etwas ruhiger. Ich wartete und Gott wartete mit mir.

Ich hatte keine Ahnung, wie viel Zeit vergangen war, denn der Lichtschein, der durch das Gitterfensterchen fiel, veränderte sich nie. Ein mürrischer Wächter brachte mir ab und zu ein Schüsselchen mit dünner Brühe, in der ein paar einzelne, faulige Fleischbrocken und Gemüsereste schwammen, und eine Scheibe altes trockenes Schwarzbrot, doch diese Mahlzeiten erhielt ich in unregelmäßigen Abständen, wie mir schien. Da ich schon unter normalen Umständen nur schlecht schlief, schlief ich nun so gut wie gar nicht mehr. Manchmal glaubte ich die Stimme meiner Mutter zu hören, die mich rief. War auch sie mittlerweile in ein Verlies geworfen worden?

Die Tage vergingen – wie viele, wusste ich nicht. Doch dann, eines Tages, sah ich einen aufflackernden Lichtschein, hörte laute, polternde Schritte im Gang und ein Schlüssel drehte sich im Schloss. Die schwere Tür würde aufgerissen. »Ihr habt einen Besucher«, bellte Lady Shelton. Ich folgte ihr stolpernden Schrittes, mit ungewaschenem Gesicht und ungewaschenen Händen, verfilzten Haaren und einem schmutzigen Gewand.

Plötzlich wurde ich in das helle Tageslicht eines mir unbekannten Gemachs gestoßen. Ich blinzelte. Ein Mann erwartete mich und ich erkannte Norfolk.

»Lady Maria«, begrüßte er mich säuerlich und mit gedehnter Stimme. »Ich nehme an, mein Besuch ist keine Überraschung für Euch.«

»Mit Sicherheit keine gute«, entgegnete ich mürrisch, doch innerlich war ich krank vor Angst. Würde nun die Folter beginnen?

»Eure spitze Zunge könnte Euch eines Tages das Leben kosten«, merkte Norfolk an. »Aber ich will ohne Umschweife auf den Grund meines Besuchs zu sprechen kommen. Ihr müsst den Doppeleid leisten, den König Heinrich verlangt hat. Wenn Ihr dazu bereit seid, werde ich Bibel und Feder kommen lassen. Auf der Bibel schreiben wir den Eid nieder, den Ihr dann unterschreiben werdet.«

Meine Kehle war wie ausgedörrt, mein Kopf hämmerte und meine Augen brannten auf Grund der langen Schlaflosigkeit. »Es bedarf keiner Bibel und keiner Feder, Sir«, antwortete ich barsch. »Ich werde weder einen Schwur ablegen noch etwas unterzeichnen.«

Norfolk wurde so zornig, dass ihm fast die Augen aus den Höhlen traten. »Bei Gott dem Allmächtigen!«, brüllte er und schlug mit der Faust auf den Tisch, wo das Pergament schon bereitlag. »Wenn Ihr meine Tochter wärt, würde ich solchen Starrsinn nicht dulden! Ich würde Euch so lange mit dem Kopf gegen die Wand schlagen, bis er so weich wie ein Bratapfel wäre!«

Mir wurde hundeelend und ich hatte das Gefühl, mich gleich übergeben zu müssen. Bittere Galle schoss in meinen Mund. Gleich würde ich umfallen. »Ich werde das Papier nicht unterschreiben und ich werde auch keinen Eid ablegen«, wiederholte ich.

Norfolk starrte mich an. Dann drehte er sich abrupt um und stürmte zum Zimmer hinaus.

Ich blieb stehen, wo ich war, am ganzen Leib zitternd, bis Shelton mich fand. »Schaut Euch nur an! Ein schöner Anblick! Kein Wunder, dass Ihr keinen Ehemann findet! Was müsste das für ein Mann sein, der Euch haben wollte? Welcher Gentleman würde sich dazu herablassen, Euch zu heiraten, einen Bastard, der weder schön noch reich ist und zudem nicht einmal einen Titel hat?«

Ich hatte damit gerechnet, in meine finstere Zelle zurückgeschickt zu werden, doch stattdessen scheuchte mich die Tante der Königin davon wie eine streunende Katze. Ich torkelte in mein früheres Zimmer zurück und nahm meine Aufgaben im Dienst von Prinzessin Elisabeth wieder auf.

Ich verbrachte weitere vierzehn Tage in banger Angst, traute mich kaum zu essen, was mir vorgesetzt wurde, hatte des Nachts Angst, die Augen zu schließen, und meine Nerven lagen so blank, dass ich Elisabeths Schreien und sogar ihr Lachen kaum ertrug. Doch mir blieb nichts anderes übrig. Eines Tages kam ein weiterer Besucher für mich an. Diesmal war es Cromwell.

Der Kanzler meines Vaters saß bereits, als ich das Zimmer betrat, und machte sich nicht die Mühe, sich zu erheben, als ich eintrat. »Lady Maria«, begann er mit salbungsvoller Stimme. Mir fiel auf, wie sehr dieser Mann einer Kröte ähnlich sah – einer schwitzenden Kröte, um genau zu sein. Schweißtropfen perlten aus seinen Poren und tropften auf sein Wams.

»Ihr habt mich rufen lassen«, sagte ich.

»Setzt Euch doch«, sagte Cromwell leutselig, ehe er fortfuhr: »Das macht unsere Unterredung angenehmer. Ich habe schon nach einer Flasche Kräuterwein geschickt, eine willkommene Erfrischung an einem heißen Tag wie diesem.« Er zog ein Tüchlein aus seiner Tasche und wischte sich damit über sein verschwitztes Gesicht.

Ich blieb stehen als deutliche Zurückweisung seiner schlechten Manieren. Ein Diener goss den Kräuterwein in zwei Kelche. Ich lehnte meinen ab. »Ihr wolltet mich sehen«, wiederholte ich.

Cromwell seufzte. »Dickköpfig, ganz schön dickköpfig«, murmelte er. Dann beugte er sich vor, stützte sich mit beiden Händen auf den Tisch und richtete seine Krötenaugen auf mich: »Lady Maria, hört mir gut zu: Ihr müsst auf Euren Titel als Prinzessin verzichten. Es ist des Königs Wille. Ihr und Eure Mutter müsst endlich aufgeben. Der König ist eine neue Ehe eingegangen und die daraus entspringenden Erben müssen akzeptiert werden. Es gibt keine andere Möglichkeit.«

Ich hielt seinem drohenden Blick stand. »Nein, das werde ich nicht tun.«

»Der König wird Euren Willen zu brechen wissen, notfalls auch Euren Hals«, fauchte Cromwell.

»Der König kann tun, wie ihm beliebt. Doch ich werde niemals unterschreiben.«

Cromwell lehnte sich zurück und nahm einen großen Schluck Kräuterwein. »In gewisser Weise bewundere ich Euch«, sagte er, als er den leeren Kelch donnernd wieder absetzte. »Doch Ihr seid eine Närrin, Lady Maria. Und Ihr werdet dafür bezahlen, und zwar mit Eurem Leben.«

KAPITEL XVII

GERÜCHTE

Während des langen, nassen Sommers des Jahres 1534 versorgte uns Sir Francis Peacham regelmäßig mit den neuesten Klatschgeschichten von Heinrichs Hof. Anne war offensichtlich sehr bemüht, den übellaunigen König mit einer ständigen Aufeinanderfolge prunkvollster Bankette abzulenken. Sir Francis selbst musste des Öfteren auftreten oder andere engagieren – Komödianten und Akrobaten, Schauspieler und Musikanten, die für Unterhaltung sorgten. Es gab Gerüchte, dass die Königin erneut schwanger wäre, doch als die Anzeichen einer Schwangerschaft ausblieben, wurde Anne noch launischer und unberechenbarer.

Eine der Zielscheiben für Annes Gehässigkeit war Susan, inzwischen Gräfin von Chichester. Susan war schwanger, deutlich für alle sichtbar, und allein schon der Anblick einer gesunden jungen Frau, die ein Kind unter dem Herzen trug, versetzte Anne in Zorn.

Sie warf mir alles nach, was ihr unter die Finger kam, schrieb Susan in einem Brief, der mich wundersamerweise ungeöffnet erreichte. *Zum Glück kann sie schlecht zielen und die geworfenen Gegenstände fielen zu Boden, ohne dass ich Schaden genommen hätte – im Gegensatz zu den Gegenständen selbst. Diese zerbrachen entweder oder waren verbeult.* Ich musste an die Parfümkugel und den Becher denken, die Anne nach mir geworfen hatte; es hatte mich nicht amüsiert, ihre Zielscheibe zu sein, doch Susan hatte eine Art, selbst solche Zwischenfälle in einem humorvollen Licht darzustellen. *Da sie mich nicht schlagen konnte, verbannte sie mich schließlich vom Hof. Deshalb befinde ich mich nun hier, weit weg von ihr und – glücklicherweise, wenn auch nur für kurze Zeit – von meinem adeligen Gatten, der einem Krallenäffchen verblüffend ähnlich sieht. Endlich kann ich mich in aller Ruhe auf die bevorstehende Geburt meines Kindes freuen.*

Ich las den Brief mehrere Male, so lange, bis ich ihn auswendig hersagen konnte. Ich hätte mir gewünscht, ihn jederzeit wieder lesen zu können, wann immer ich einer kleinen Aufmunterung bedurfte, doch es wäre unklug gewesen, ihn aufzubewahren. Deshalb verbrannte ich ihn über einer Kerzenflamme, ließ die graue Asche zu meinem kleinen Fenster hinauswehen und blickte den Flöckchen lange nach, als sie träge auf den trostlosen Hof hinunterschwebten.

An einem der seltenen Tage in diesem August, als sich die Sonne ausnahmsweise durch die dunklen Wolken gekämpft hatte, gingen Bryan und ich mit der kleinen Elisabeth im Privatgarten spazieren. Das Kind war nun fast ein Jahr alt und hatte vor kurzem das Laufen gelernt; neugierig, wie es war, schien es überall zugleich zu sein.

Elisabeth hatte das rotgoldene Haar unseres Vaters geerbt und die schwarzen Augen ihrer Mutter. Sie war reizend, geradezu liebenswert. Doch sie hatte auch das launische Temperament ihrer Eltern geerbt, weshalb aus dem soeben noch fröhlich lachenden Kind im Handumdrehen ein kleiner, zorniger Kobold werden konnte. Ich weigerte mich, Elisabeth als Prinzessin anzusprechen, doch ich nannte sie meine Schwester. Obwohl ich nie die Absicht gehabt hatte, dieses Kind zu lieben, dem alles gehörte, was rechtmäßig mir zugestanden hätte, stellte ich fest, dass es sich immer tiefer in mein Herz eingeschlichen hatte. Während Bryan und ich uns leise unterhielten, watschelte Elisabeth auf mich zu, eine Blume, die sie soeben gepflückt hatte, in der Hand, und streckte ihr Ärmchen aus, um zärtlich meine Wange zu tätscheln. Nein, ich konnte mein Herz nicht vor ihr verschließen.

»Die Königin soll inzwischen noch öfter mit dem König streiten als früher«, sagte Bryan so leise, dass die Zofe, die ebenfalls in der Nähe war, um auf Elisabeth aufzupassen, uns nicht hören konnte. »Anne behauptet, ein Wahrsager habe ihr gesagt, solange Ihr und Eure Mutter noch am Leben seid, würde sie keinen Sohn empfangen können. Deshalb bedrängt sie den König, Euch beide umbringen zu lassen. Sie ist unnachgiebig, sie wird sich nie zufrieden geben.«

Unter unseren wachsamen Augen marschierte Elisabeth geradewegs in ein Veilchenbeet und begann die violetten und weißen Blüten auszureißen. Als ihre Fäustchen voller Blumen waren, lachte sie und versuchte vor der Zofe wegzulaufen. Diese rannte ihr nach. Doch als die kleine Prinzessin das Gleichgewicht verlor und auf ihrem Allerwertesten landete, verwandelte sich ihr eben noch ausgelassenes Gelächter in ein wütendes Gebrüll.

»Sie bringt den König fast um den Verstand«, fuhr Bryan leise fort. »Es gibt auch Gerüchte, die besagen, dass sich der König eine neue Geliebte zugelegt hat, eine der Hofdamen der Königin. Deshalb kämpft Anne nun noch verzweifelter um die Gunst des Königs. Sie weiß, dass sie ihn ganz verlieren wird, wenn sie ihm nicht bald einen Sohn schenkt.«

»Ich gönne es ihr von ganzem Herzen, ihn zu verlieren«, murmelte ich. »Sie hatte ohnehin nie ein Recht auf ihn.«

»Tölpel!«, rief Bryan plötzlich und schlug mir so heftig auf die Wange, dass ich vor Schmerz aufschrie. »Ihr sollt Euch um die Prinzessin kümmern und nicht herumstehen wie ein Holzklotz!«

Mit pochender Wange rannte ich zu Elisabeth, deren Gesichtchen vor Wut feuerrot angelaufen war. Dabei bemerkte ich, dass mehrere von Cromwell als Spione geschickte Bedienstete im Garten aufgetaucht waren. Wie lange waren sie schon da, fragte ich mich erschrocken.

Als Elisabeth mich sah, hörte sie sofort auf zu brüllen, entwand sich dem Griff der Zofe und rannte direkt in meine Arme. Ich trocknete ihre Tränen, nahm ihre Küsschen entgegen und erwiderte sie.

Anne ließ Elisabeth nur selten zu sich nach Greenwich bringen, doch anlässlich des ersten Geburtstags ihrer Tochter richtete sie ein großes Fest aus, dem auch ich beiwohnen sollte. Und so kam es, dass ich mit den anderen Bediensteten in der großen Halle des Greenwich-Palasts stand und mit ansehen durfte, wie geröstete Pfauen, deren vergoldete Schnäbel schimmerten, unter einer Fanfare von Trompeten und Posaunen hereingetragen wurden.

Anne saß auf der königlichen Estrade an Heinrichs Seite,

wie immer in Schwarz gekleidet, ihre Haare waren von einem goldenen Netz bedeckt und darüber funkelte ein mit Diamanten und Rubinen besetztes Diadem. Selbst aus der Ferne konnte man sehen, dass die Königin blasser und ausgezehrter aussah als sonst. Zwischen den einzelnen Gängen trug König Heinrich die kleine Elisabeth auf den Schultern durch den Saal, um sie zur Schau zu stellen. Schmerzlich wurde ich daran erinnert, dass er dereinst auch mich mit demselben Stolz herumgetragen hatte. Es gab keine Anzeichen, dass er mich gesehen hatte. Meine Erinnerungen sowie das Bewusstsein meiner derzeitigen Lebensumstände stürzten mich in tiefe Melancholie. Ich wünschte mir nur, dass der Abend möglichst rasch zu Ende ging, damit ich mich in die nämliche armselige Kammer zurückziehen konnte, in der ich untergebracht gewesen war, als Elisabeth geboren wurde.

»Morgen reist der König an, um Prinzessin Elisabeth zu besuchen«, ließ Shelton mich einige Wochen später wissen, als wir wieder in Hatfield waren. Sie wandte sich an Bryan, als wäre ich Luft. »Lady Maria soll während seines Besuchs in ihre Kammer gesperrt werden. Es ist besser, wenn sie ihm nicht unter die Augen tritt, denn wie mir wiederholt zu Ohren kam, will er sie enthaupten lassen, wenn sie sich weiterhin weigert, die Eide zu leisten.« Erst dann tat sie so, als würde sie meine Anwesenheit bemerken und bedachte mich mit einem säuerlichen, zähnebleckenden Grinsen.

Mein Herz begann heftig zu pochen und ich hatte Mühe, mein Zittern zu verbergen. Wer weiß, vielleicht sagte Shelton die Wahrheit!

»Das geschähe ihr nur recht«, erklärte Bryan, packte mich am Arm und zog mich mit sich fort. »Wehrt Euch nicht so heftig«, zischte sie, während wir durch den düsteren Korridor gingen. »Ich will Euch doch nur helfen.« Als wir meine Kammer erreicht hatten, flüsterte Bryan: »Es ist besser, wenn Ihr hier bleibt. Das ist bestimmt ein Befehl Annes, da könnt Ihr Euch sicher sein. Zumindest seid Ihr hier sicher, wenn ein Wächter vor der Tür steht.« Nach diesen Worten ging sie und ließ mich allein.

In meinem Zimmer eingeschlossen, verbrachte ich eine lange, schlaflose Nacht, während ich auf die verschiedenen Geräusche aus dem Palast und das Geflüster der Wachen vor meiner Tür lauschte. Am nächsten Tag hörte ich Trompeten die Ankunft des Königs verkünden und wartete bangen Herzens, ob er vielleicht doch nach mir schicken würde. Doch wenn er dies tat, was dann? Würde er meinen Tod anordnen? Mich erneut ins Verlies werfen lassen, bis ich mich bereit erklärte zu unterschreiben? Wenige Stunden später verkündete eine erneute Trompetenfanfare die Abreise des Königs. Doch die qualvolle Spannung fiel noch nicht von mir ab.

Ich hoffte, dass Bryan bald kommen, mich befreien und mir die Neuigkeiten zuflüstern würde. Doch es war Shelton, die unter meiner Tür auftauchte, die Arme vor ihrer knochigen Brust gefaltet. »Ihr habt einen Besucher«, sagte sie mit kühlem, abschätzigem Blick.

Ein Besucher? Mein Vater war doch schon fort. Wer dann? Voller Panik fragte ich mich, ob es Norfolk oder Cromwell oder ein anderer Berater meines Vaters sein könnte, der gekommen war, um mich in den Tower zu bringen, wo ich das Ende aller Hochverräter finden würde. Wortlos folgte ich Shelton durch die Gänge.

Vor Freude wäre ich fast in Tränen ausgebrochen, als ich entdeckte, dass mein Besucher niemand anderer war als mein früherer Hauslehrer, Meister Fetherston. Seit zwei Jahren hatte ich ihn nicht mehr gesehen, und als ich Überraschung und Besorgnis in seinen sanften Augen aufblitzen sah, wurde mir plötzlich klar, wie sehr ich mich in diesen beiden Jahren verändert haben musste. Meister Fetherston hingegen sah noch fast genauso aus wie früher, abgesehen davon, dass er noch rundlicher geworden war. »Lady Maria«, sagte er, wobei er eine Augenbraue hochzog, die andere runzelte. Ich begriff die Absicht sofort, die hinter dieser komischen Mimik lag: Er war gezwungen, mich derart anzureden, und es entsprach nicht seinem Wunsch, keinen Kniefall vor mir zu machen. Die anwesenden Hofdamen und Zofen unterbrachen, was immer sie gerade taten, und hörten gespannt zu.

»Meister Fetherston«, begann ich. »Ich bin entzückt, Euch zu sehen.« Nach kurzem Überlegen fuhr ich fort: »Und ich freue mich auch darüber, endlich wieder einen Menschen um mich zu haben, mit dem ich auf Latein Konversation machen kann. Mangels Gelegenheit sind meine Kenntnisse in dieser Sprache sehr geschrumpft, fürchte ich.« Ich lächelte. »Ich danke Gott, dass Ihr gekommen seid«, sagte ich, indem ich blitzschnell auf Latein umschaltete, mein falsches Lächeln und den neckischen Ton jedoch beibehielt. »Ich bin in großer Gefahr.« Meister Fetherston nickte wissend. »Ja«, antwortete er auf Englisch. »Ich höre in der Tat, dass Ihr etwas Übung nötig habt.« Wir setzten unser Gespräch auf Latein fort, zum offensichtlichen Verdruss der mithörenden Dienerschaft. »Ich habe einen Brief Eures Freundes Chapuys mitgebracht. Er weiß, in welcher Gefahr Ihr schwebt und hat sich deshalb an Euren Vetter, Kaiser Karl, um Hilfe gewandt.«

»Gibt es schon einen Plan, wie mir geholfen werden kann?«, erkundigte ich mich gespannt.

»Der Botschafter hat sich schon etwas ausgedacht, aber er muss auf ein Zeichen des Kaisers warten, ehe er seinen Plan ausführen kann. Aber ich warne Euch – es wird nicht einfach werden.«

»Ich werde alles zu tun, um von hier zu fliehen. Alles!«, versicherte ich voller Eifer.

Aufgeschreckt vom Ton meiner Stimme, blickten mich die Ladys neugierig an. Mein Lehrer ging sofort wieder zu Englisch über. »Meine liebe Lady Maria«, sagte Meister Fetherston tadelnd, »Ihr müsst Eurem Vater dem König gehorchen und Euch seinen Wünschen beugen. Ihr müsst die Papiere unterzeichnen und den Eid ablegen. Ihr müsst den König als Oberhaupt der Kirche anerkennen und ebenso, dass Ihr nicht seine Thronerbin seid und niemals sein werdet. Das ist Eure Pflicht, Lady Maria.«

Ich wusste natürlich, dass er all dies nur sagte, damit die Lauscherinnen zufrieden waren, doch es schmerzte trotzdem. Ich wandte mein Gesicht ab und spürte, wie der Lehrer in einer vertrauten Geste seine Hand auf meinen Arm legte und mir etwas in den Ärmel schob. Dann verbeugte sich Meister Fetherston förmlich und ging hinaus.

Ich eilte in meine Kammer zurück, zog den kleinen gefalteten Zettel aus meinem Ärmel und hielt ihn in die Nähe einer Kerze. Chapuys hatte so klein geschrieben, dass ich seine Zeilen nur mit Mühe lesen konnte. Zuerst konnte ich nur ein paar Worte hier und da entziffern, dann ein paar mehr, und das alles in panischer Angst, dass ich entdeckt und die Nachricht beschlagnahmt werden könnte. Meine armen Augen brannten und mein Herz klopfte bis zum Halse, als ich es schließlich geschafft hatte, alle Stücke zusammenzusetzen. Zum Glück hatte ich den Zettel über der Kerzenflamme verbrannt, wenige Sekunde bevor Sheldon hereinstürmte – ohne anzuklopfen, wie es ihre Art war.

»Elisabeth, Prinzessin von Wales und Prinzessin von England, erfordert Eure Aufmerksamkeit, Lady Maria«, fauchte sie. »Ihre Windel ist nass.« Sie trat an meinen rauen Holztisch und nahm pikiert die verkohlten Überbleibsel von Chapuys' Schreiben in die Hand. »Aha, ein Brieflein von einem Verehrer, nehme ich an«, sagte sie spöttisch, während sie die schwarze Asche durch ihre Finger rieseln ließ.

Ich eilte zu Elisabeth. Nur noch wenige Monate, dann würde die kleine Prinzessin keine Windeln mehr brauchen. Und mit etwas Glück würde ich schon vorher frei sein – frei und weit weg von England, von meinem Vater, von Anne, Shelton, Cromwell und all meinen anderen Feinden. Chapuys hatte mir geschrieben, dass die Details seines Plans bis zuletzt geheim bleiben müssten. *In der Zwischenzeit widersteht so gut Ihr könnt dem Druck, der auf Euch ausgeübt wird, um Euch dazu zu bringen, die Eide abzulegen, aber begebt Euch dabei nicht in Gefahr.*

Begebt Euch dabei nicht in Gefahr. Dabei schwebte ich doch jede Sekunde meines Lebens in Gefahr!

KAPITEL XVIII

GIFT IM SPIEL

Ich konnte mich daran erinnern, dass wir Hatfield vor Weihnachten verließen, weil Elisabeths Haushalt für die Weihnachtsfeierlichkeiten nach Greenwich umzog.

Ich erinnerte mich auch noch an unsere Ankunft und wie ich die Nachricht vom Tod von Lady Susan, der Gräfin von Chichester, erfuhr. Sie war im Kindbett gestorben und ihr Kind, ein Junge, mit ihr. Es war ein schrecklicher Schlag für mich und der Verlust meiner lieben Freundin traf mich sehr. Innerhalb weniger Tage wurde ich krank. Am Neujahrstag lag ich mit Fieber und starkem Husten in einer Kammer des Palasts.

In meinem Delirium bettelte ich darum, meine Mutter sehen zu dürfen, doch mir wurde mitgeteilt, dass Cromwell diesen Antrag abgelehnt hatte. Ungeachtet des hohen Risikos gelang es Bryan, Chapuys von meiner schweren Erkrankung in Kenntnis zu setzen, der sofort anreiste und verlangte, an mein Krankenbett vorgelassen zu werden. Seiner Vermutung nach war Gift im Spiel, weshalb er darauf bestand, dass der Leibarzt meiner Mutter mich untersuchen müsse. Heinrich lehnte ab. Obwohl er wegen meiner Krankheit keine große Besorgnis äußerte, schickte er doch seinen eigenen Leibarzt und den königlichen Astrologen zu mir. Die beiden kamen zu dem Schluss, dass die Krankheit auf einem Ungleichgewicht zwischen Blut und Gallenflüssigkeit beruhte, und verordneten mir einen Aderlass und Blutegel.

Das Fieber legte sich allmählich, meine Bauchkrämpfe ließen nach, doch die Krankheit und auch die Behandlung hatten mich so sehr geschwächt, dass ich kaum noch gehen konnte.

Noch in den ersten Wochen des neuen Jahrs erhielt ich Besuch von Chapuys. »Der König persönlich hat mich ersucht, die kranke Lady Maria zu besuchen, um mich selbst von ihrer fortschreitenden Genesung zu überzeugen«, teilte Chapuys mit lauter Stimme den Frauen mit, die mich in Cromwells Auftrag überwachten. Ich war mir sicher, dass Chapuys sie bestechen musste, um unter vier Augen mit mir reden zu können.

»Der Plan ist geschmiedet«, flüsterte Chapuys mir zu, sobald er sicher war, dass wir allein waren. »Es muss Euch nur irgendwie gelingen, den Frauen, die Euch überwachen, ein Schlafmittel zu verabreichen. Sobald sie tief und fest schlafen, schleicht Ihr Euch aus dem Palast, durch den Garten und hinunter zum Landungssteg. Dort werden zwei Bootsleute warten und Euch nach Gravesend an der Mündung der Themse rudern. Dort liegen die Schiffe des Kaisers bereit, um Euch in die Niederlande und in Sicherheit zu bringen. Ihr müsst jedoch innerhalb kürzester Zeit reisefertig sein: Sobald Kaiser Karl seine endgültige Zustimmung gibt, bleiben Euch höchstens noch ein bis zwei Stunden. Aber sagt mir, werdet Ihr in Bälde wieder kräftig genug sein, um so ein Unternehmen zu wagen?«

»Ich bin schon jetzt fast wieder kräftig genug«, behauptete ich im Brustton der Überzeugung, obwohl ich in Wahrheit all meine Kraft aufwenden musste, um überhaupt aufrecht stehen zu können. »Bis wann können wir mit Karls Zustimmung rechnen?«

»Das steht noch in den Sternen. Der Kaiser befindet sich in einer heiklen Situation. Wenn er gegen Heinrichs Willen verstößt, riskiert er die Machtverhältnisse in Europa aus dem Gleichgewicht zu bringen. Ich bitte Euch noch etwas Geduld zu haben, Madam, und mir zu vertrauen.«

»Der zweite Punkt ist kein Problem«, erwiderte ich. »Ich vertraue Euch voll und ganz. Doch den ersten Punkt zu erfüllen, nämlich Geduld zu haben, fällt mir schwer.«

Noch am selben Abend bat ich den Arzt, mir ein Schlafmittel zu verschreiben und sagte ihm, dass ich die doppelte Dosis benötigte, um abends meine Augen schließen zu können. Ich versteckte das weiße Pulver in dem emaillierten Kästchen, das Reginald mir geschenkt hatte und das ich noch immer besaß. Dann ging ich den Plan immer und immer wieder in Gedanken durch.

Ich würde die Frauen, die mich bewachten, vor dem Zubettgehen zu einem Becher Kräuterwein einladen und ich würde noch heute Abend damit anfangen, daraus eine Gewohnheit zu machen. Dann, in der fraglichen Nacht, würde ich sie ablenken, vielleicht durch einen Hustenanfall, um heimlich das Pulver in ihre Becher schütten zu können. Und sobald sie tief und fest schliefen, würde ich einen derben Bäuerinnenkittel und einen Umhang anziehen, die Bryan mir beschaffen und die ich vorläufig unter meiner Matratze aufbewahren würde. Im Dunkeln würde ich mich durch den hinteren Korridor schleichen, die enge Treppe hinunter und hinaus in den Garten. Das Tor würde zwar verschlossen, aber vermutlich nicht bewacht sein. Nah an der Mauer wuchs eine knorrige Eiche und daran würde ich hinaufklettern, mich an einem überhängenden Ast über die Mauer hangeln und auf der anderen Seite auf den Boden fallen lassen. Die Bootsleute würden es sehen und mir nötigenfalls zu Hilfe eilen.

Immer und immer wieder ging ich im Geiste meine Flucht durch und bemühte mich, auch nicht das kleinste Detail zu übersehen. Anschließend musste ich mich nur noch in der Geduld üben, die Chapuys mir empfohlen hatte.

Die Wochen vergingen, ohne dass ich etwas gehört hätte. Meine Kräfte hatte ich längst wieder erlangt. Doch dann, kurz nach meinem neunzehnten Geburtstag, kam Bryan mit einer Nachricht zu mir. »Ihr müsst abreisen«, sagte sie.

»Ist es so weit?«, fragte ich aufgeregt. »Hat mein Vetter, der Kaiser, seine Zustimmung erteilt? Wann, Bryan, wann?«

Bryan schüttelte den Kopf. »In drei Tagen. Allerdings werdet Ihr nicht auf den Kontinent gebracht. Ihr müsst nach Hunsdon umziehen.«

»Hunsdon? Aber Hunsdon ist doch einen ganzen Tagesritt von hier entfernt! Wie soll ich von Hunsdon aus jemals zu dem Schiff in Gravesend kommen?«

»Das werdet Ihr auch nicht. Der König hat Verdacht geschöpft und vermutet, dass Ihr Euch mit der Absicht tragt, aus England zu fliehen. Er glaubt auch, dass Eure Mutter und Chapuys in das Komplott verwickelt sind. Deshalb hat er Euren sofortigen Umzug nach Hunsdon angeordnet.«

»Wird mein Vater erst zufrieden sein, wenn er mich tot sieht?«, rief ich verzweifelt aus und rang die Hände.

Bryan nahm mich in den Arm. »Psst, Maria, psst«, säuselte sie besänftigend wie früher, als ich noch ein Kind gewesen war.

Selbst als ich nach Hunsdon verbannt worden war, weigerte ich mich, die Hoffnung aufzugeben, und dachte ständig über eine Fluchtmöglichkeit nach. Zumindest eines hatte sich verbessert: Mich an einem so entlegenen Ort bewachen zu lassen hielt Cromwell für überflüssig. Deshalb stellte ich mir nun vor, dass ich einfach in die nähere Umgebung gehen könnte, wo ein Trupp von Chapuys angeheuerte Reiter auf mich wartete, mich auf eines ihrer Pferde schwingen und mit mir davonreiten würde – eine vorgetäuschte Entführung. In einem langen, wilden Ritt durch die Nacht gelangten wir nach Gravesend, wo Karls Schiff auf mich wartete . . .

Doch als ich die ersehnte, geheime Botschaft von Karl erhielt, lautete sie ganz anders als erwartet. *Es liegt in meiner Absicht,* hatte der Kaiser geschrieben, *Euren Vater wieder zurück in den Schoß der heiligen Mutter Kirche von Rom zu bringen. Aus diesem Grund muss ich Euch weiter um Geduld bitten, liebe Base, und darum, alles zu tun, was König Heinrich von Euch verlangt.*

Ich zerriss das Schreiben in kleine Fetzen und trampelte wütend darauf herum. Wie konnte mein Vetter nur so begriffsstutzig sein? Was Heinrich von mir verlangte, war das nämliche, was er von jedem Mann und jeder Frau in England verlangte: den Doppeleid zu schwören. Ihn zu verweigern bedeutete den Tod als Landesverräter. Ich durfte diesen Eid nicht leisten. Das musste Karl doch klar sein. Aber ganz offensichtlich kümmerte es ihn nicht.

Gegen Ende des Frühjahrs 1535 wurde ich nach Hatfield zurückbefohlen, um erneut als Elisabeths Bedienstete zu arbeiten. Es gab Momente, in denen ich sie zum Knuddeln gern hatte, andere Male gab ich ihr alle Schuld an meinem Elend und wünschte, sie wäre nie geboren worden.

In diesem Frühling erließ das Parlament neue Gesetze gegen Landesverräter, durch die alle zum Tode verurteilt wurden, die schlecht über die Königin redeten oder den König kritisierten. Auch jeder Verdacht auf Landesverrat musste gemeldet werden; wer dies unterließ, machte sich selbst des Landesverrats schuldig.

Die Vertreter des Königs ließen den ganzen Hof antreten und einer von ihnen verlas mit lauter Stimme die Strafen für Landesverrat, während wir mit entsetztem Schweigen lauschten.

»Jede als Landesverräter verurteilte Person wird in den Kerker geworfen, aufs Rad gebunden und dann zum Ort der Hinrichtung geschleift. Daselbst wird der Verurteilte gehängt und lebendigen Leibes wieder abgeschnitten. Sodann werden ihm die Gliedmaßen abgehackt und die Eingeweide aus dem Körper gerissen und vor seinen Augen verbrannt; schließlich wird ihm der Kopf abgeschlagen und sein Körper geviertteilt werden. Seine Hände und Füße werden ans Stadttor genagelt, sein Kopf wird auf einen Spieß gesteckt und auf der London Bridge zur Schau gestellt, gemäß des Königs Wille.«

»Er ist verrückt geworden«, flüsterte ich Bryan zu. »Ganz bestimmt steckt Anne hinter all den Scheußlichkeiten.«

»Vielleicht«, flüsterte Bryan zurück. »Sie ist am Rande der Verzweiflung. Mein Neffe sagte mir, dass es Gerüchte gibt, nach denen der König der Königin überdrüssig ist und sich bereits eine Geliebte genommen hat, eine der Hofdamen der Königin. Ihr Name ist Jane Seymour.«

Jane Seymour? Ich erinnerte mich an sie. Lady Jane war während Annes Wehen und der Entbindung zugegen gewesen; ich erinnerte mich noch gut an ihre ruhige Art und ihre zuvorkommende Freundlichkeit. Auch äußerlich war Jane das krasse Gegenteil von Anne: Sie war blond, hatte eine helle Haut und große graue Augen, war ruhig und vornehm, während Anne lebhaft war und eine schrille Stimme hatte. Jane war eine freundliche, angenehme Frau, doch passte sie zu dem grausamen und launischen Mann, zu dem mein Vater mittlerweile geworden war? Wie lachhaft, dachte ich mir im Stillen.

»Es gibt noch eine Neuigkeit«, sagte Bryan. »Die Königin erwartet im Sommer ihr nächstes Kind.«

»Wirklich? Oder bildet sie es sich wieder nur ein?«

»Sie hat zugenommen – und sie und andere haben die Kindsbewegungen schon gespürt. Am Erntedankfest wurde das *Tedeum* gesungen.«

Die Nachricht von der neuen Schwangerschaft war von größerer Bedeutung für mich als die von einer neuen Geliebten. Wenn Anne dem König den ersehnten Sohn und Thronfolger schenkte, wäre ihre Stellung endlich gesichert. König Heinrich könnte sich fortan so viele junge Geliebte nehmen wie ihm beliebte, denn Anne wäre unbesiegbar geworden. Falls sie jedoch nicht schwanger war, wäre ihre Zeit bald um.

KAPITEL XIX

DER IRRSINN DES KÖNIGS

Lady Margaret Bryan entdeckte in Hatfield einen geheimen Raum und erzählte mir davon.

»Er ist hinter einer falschen Wand versteckt«, verriet sie mir unter vier Augen. »Man kann ihn durch die Rückwand des großen Wandschranks betreten, in dem die Betttücher aufbewahrt werden. Die andere Möglichkeit ist von dem königlichen Schlafgemach aus, das stets für den König bereitgehalten wird – aber auch immer verschlossen ist. Sir Francis hat mir ausrichten lassen, dass er in Bälde zu Besuch zu kommen gedenkt. Ich werde es so einrichten, dass Ihr meinen Neffen in dieser geheimen Kammer treffen könnt, damit er Euch über alles Bericht erstatten kann.« Hastig fügte sie noch hinzu: »Aber natürlich werde auch ich anwesend sein, um nicht den Eindruck von Unschicklichkeit zu erwecken.«

Ich musste ein Schmunzeln unterdrücken – wem könnte ein geheimes Treffen unschicklich scheinen, wenn doch niemand je davon erfahren würde? Der wahre Grund war zweifellos der, dass die gute Bryan schon immer sehr an Klatsch und Tratsch interessiert gewesen war, und daran hatte auch das Älterwerden nichts geändert. Doch ihre Kühnheit überraschte mich. Im Grunde hatte ich nie vermutet, dass die alte Frau hinter ihrem sanften Äußeren so viele verborgene Energien an Mut und Einfallsreichtum besaß.

Der geheime Raum war nur winzig und schlecht belüftet, doch er enthielt eine Couch aus Damast mit mehreren Seidenkissen. Es war ein Leichtes für Bryan und mich, ihn vom Wäscheschrank aus zu betreten. Doch einen groß gewachsenen Mann hineinzuschmuggeln, der sich normalerweise nicht in der Nähe von Wäscheschränken aufzuhalten pflegte, stellte eine gewisse Herausforderung dar. Sir Francis war gezwungen, in dem kleinen stinkenden Raum auszuharren, in dem die Wachen normalerweise ihre Notdurft verrichteten, ehe Bryan ihm ein Zeichen machte, dass er sich nun ungesehen durch die Rückwand des Wäscheschranks zwängen konnte.

An einem kalten, stürmischen Winterabend saßen wir drei schließlich in der Geheimkammer zusammen, in völliger Dunkelheit, da wir es nicht wagten, eine Kerze anzuzünden.

»Heinrich hat damit begonnen, seine Leute in alle Klöster zu schicken«, flüsterte Francis Peacham, »damit alle Mönche den Supremateid unterschreiben und ihn somit als Oberhaupt der Kirche anerkennen. Bisher weigerten sich alle, weshalb Heinrich sie dutzendweise in den Tower schleppen ließ, wo sie auf ihre Hinrichtung warten.«

»Dann ist er völlig verrückt geworden«, stammelte ich fassungslos.

»Das kann ich nicht sagen, Madam, obwohl viele der Ansicht sind, er sei verhext worden. Er hat inzwischen riesige Schulden angehäuft und ist verzweifelt. Sobald alle Mönche eines Klosters eingekerkert sind, beschlagnahmt Cromwell nicht nur alle Ländereien, die dem Kloster gehören, sondern auch alle Wertgegenstände wie Silberkelche, goldene Kerzenhalter und die mit Edelsteinen besetzten Kreuze.«

Traurigen Herzens dachte ich an Bruder Anselm, meinen Theologielehrer, und all die anderen frommen Mönche, die nunmehr im Kerker dahinvegetierten. Doch Bryan bereitete unserem Treffen in der Geheimkammer ein baldiges Ende.

»Ich habe ein ungutes Gefühl, wie eine kalte Hand, die sich mir in den Nacken gelegt hat«, murmelte sie. »Ich spüre all das Böse, das uns umgibt.«

Mir erging es ähnlich. Einzeln verließen wir unser Versteck und ich begab mich in mein Zimmer, um über das soeben Erfahrene nachzudenken.

Am zehnten Tag des neuen Jahrs tauchte ein Buckliger in zerlumpten Kleidern im Hof von Hatfield auf. Die kleine Elisabeth war schon vor Weihnachten zu König Heinrich und Königin Anne nach Greenwich gebracht worden. Ich war in Hatfield zurückgeblieben, in Gesellschaft nur einiger weniger Bediensteter, von denen etliche zweifellos Spione des Königs waren. Als ich dem Buckligen einen Laib alten Brots anbot, wie es Brauch war, drückte er mir einen Brief in die Hand und war gleich darauf auch schon wieder verschwunden. Der Brief trug das Siegel von Katharina von Aragon. Mein Herz machte einen Sprung. Ich versteckte ihn rasch in den Falten meines Umhangs und eilte damit in mein Zimmer. Es war der erste Brief seit vier Jahren, den ich von meiner Mutter erhielt, und meine Hände zitterten, als ich das Siegel brach.

Die Handschrift war jedoch nicht die meiner Mutter.

Mein liebstes Kind,

ich diktiere diese Worte meinem guten Freund und Leib-
arzt, Dr. Firth. Ich fürchte, wenn du dieses Schreiben in den
Händen hältst, werde ich meine Augen für immer geschlos-
sen haben. Wie du wohl weißt – vielleicht aber auch nicht –,
hat dein Vater, der König, meinen Umzug nach Schloss
Kimbolton angeordnet, einem so verfallenen und herunter-
gekommenen Ort, dass sich mein Gesundheitszustand noch
mehr verschlechtert hat. Es ist ein grauenvoller Ort und
nachts heult der Wind durch alle Ritzen, sodass die Fenster
klappern und die Türen von selbst zuschlagen. Ich habe
mich in nur einem einzigen Raum aufgehalten, den ich nur
verließ, um zur Messe zu gehen. Doch nun werde ich ihn
bald ein letztes Mal verlassen, und zwar für immer. Das
Grab erwartet mich. Gegessen habe ich nur das wenige, das
meine Ladys für mich zubereiten konnten. Doch trotz dieser
Vorsichtsmaßnahme fürchte ich, dass ich nach und nach
vergiftet wurde. Ich spüre, dass mein Tod nahe ist. In den
letzten Tagen konnte ich weder essen noch trinken und auch
kein Auge mehr schließen.

Ich musste den Brief meiner Mutter zur Seite legen und
zuerst um Kraft beten, ehe ich weiterzulesen vermochte.
Schließlich war ich so weit.

Ich habe erneut an deinen Vater, den König, geschrieben,
um ihn meiner ewigen Liebe und Ergebenheit zu versichern,
und habe ihn darum gebeten, mir zu erlauben, dich ein letz-
tes Mal zu sehen, ehe ich sterbe. Die vergangenen acht Jah-
re, in denen wir uns nicht mehr sehen durften, habe ich nur
dank großer Willenskraft und Entschlossenheit überstan-

den. *Du warst ein bezauberndes Kind damals und ich neh-me an, dass aus dir in der Zwischenzeit eine bezaubernde junge Frau geworden ist. Doch dein Vater ließ sich nicht er-weichen. Er blieb bei seinem Entschluss, dass du und ich uns keines letzten Wiedersehens erfreuen dürfen.*

Meine Tränen flossen so ungehemmt, dass ich kaum wei-terlesen konnte. Ich musste sie zuerst abwischen, ehe ich auch noch den letzten Absatz las:

Ich bitte dich zum Abschied, dass auch du bei deinem Ent-schluss bleibst: Unterschreibe nichts und mache keine Einge-ständnisse. Du wirst Königin werden, und das ist sowohl dein Recht als auch deine Pflicht. Ich sende dir all meine Liebe und segne dich, meine Tochter: Möge Gottes Güte dir Trost und Stärke sein und dir Frieden verleihen.

Der Brief war unterzeichnet mit *Katharina, Königin,* und trug das Datum vom zweiten Januar *Anno Domini* 1536. Die Liebe und die Entschlossenheit meiner Mutter hatten mich all die schlimmen Jahre des Elends am Leben gehal-ten. Wie sollte ich fortan ohne sie weiterleben? Für eine geraume Weile hatte ich das Gefühl, dass auch ich am liebsten gestorben wäre, nur um bei ihr sein zu können. Doch dann wurde mir klar, dass ich allein schon ihretwe-gen weiterleben musste.

Meine Mutter hatte sich nicht getäuscht: Als ich ihren Brief in den Händen hielt, war sie schon verschieden. Cromwell selbst kam, um mich offiziell davon in Kenntnis zu setzen, dass meine Mutter am siebten Januar gestor-ben war. Er bestätigte mir auch meine Vermutung, dass es mir nicht erlaubt war, an ihrem Begräbnis teilzunehmen. »Ich bedauere außerordentlich, Lady Maria«, sagte Cromwell auf seine träge Art, »doch Euer Vater hat es verboten.«

»Warum?«, fragte ich voller Verzweiflung.

Cromwell starrte mich nur wortlos mit seinen glasigen Krötenaugen an.

»Warum ist es mir nicht erlaubt, der Beerdigung meiner Mutter beizuwohnen?«, wiederholte ich flehentlich.

»Aus Staatsgründen«, sagte Cromwell schließlich. »Wie Ihr Euch wohl denken könnt, legt der König keinen Wert auf eine öffentliche Zurschaustellung von Sympathien für Euch von Seiten Abtrünniger, die unklugerweise versucht sein könnten, Landesverrat zu begehen. Es wäre nicht in ihrem Interesse.« Sein Mund kräuselte sich zu einem überheblichen Grinsen. »Und auch nicht in Eurem.«

Dann durchwühlte er seinen Lederbeutel und zog eine Goldkette mit einem Kreuz heraus, das ich sofort erkannte. Meine Mutter hatte es als junge Braut aus Spanien mitgebracht. In das Kreuz eingelegt war ein winziges Kristallglas, hinter dem sich ein Splitter des Kreuzes befand, an dem Christus gekreuzigt worden war. »Das hat sie Euch hinterlassen«, sagte Cromwell und ließ die Kette achtlos auf den Tisch fallen. »Der König ist der Ansicht, dass es Eurer Mutter gehörte und nicht Teil des Kronschatzes ist.«

Sobald der widerliche Cromwell gegangen war, rannte ich in mein Zimmer und legte das Kreuz um meinen Hals. Wann immer ich es berührte, würde es mich an meine Mutter erinnern – eine süße und zugleich auch schmerzliche Erinnerung.

Etliche Wochen danach überbrachte Bryan mir einen Brief ihres Neffen. *Nach Katharinas Tod,* schrieb Sir Francis, *befahl der König seinen Höflingen, sich zur Feier des Tages in Gelb zu kleiden. Mit Elisabeth auf den Armen tanzte er durch die große Halle und Königin Anne soll ausgerufen haben:* »*Gelobt sei der Herr! Nun musst du nur noch Mistress Maria aus dem Weg räumen und unsere Zukunft ist gesichert.*« Doch zum ersten Mal waren solche Worte mir gleichgültig. Ich war noch so betäubt vor Schmerz, dass ich keine Angst verspürte.

Ungefähr zur selben Zeit kam mir ein neues, verwirrendes Gerücht zu Ohren: Der Einbalsamierer von Katharinas Leiche hatte ihrem Leibarzt gestanden, dass er in ihrem Körper ein durch und durch schwarzes Herz vorgefunden hatte. Nach Ansicht des Arztes war dies ein sicherer Beweis dafür, dass ihr über lange Zeit hinweg immer wieder eine kleine Dosis Gift verabreicht worden war. Wer hatte angeordnet, sie zu vergiften? Königin Anne? König Heinrich? Oder Cromwell vielleicht? Und wer hatte den Befehl ausgeführt? Es gab niemanden, dem ich diese Frage hätte stellen können, um eine wahrheitsgetreue Antwort zu erhalten.

Ich fand auch keine Antwort auf eine weitere Frage: Würde ich die Nächste sein?

Nach allem, was man hörte, schien mein Vater inzwischen wirklich dem Wahnsinn anheim gefallen zu sein. Er schwankte zwischen überschwänglicher Freude und Melancholie, platzte vor Vitalität oder verfiel in Lethargie, war gütig und herzlich, dann wieder aufbrausend und zornig. Er schien keinen friedlichen Mittelweg zu finden.

Und eines Tages fasste er einen ehrgeizigen Plan: den kompletten Umbau von Wolseys früherem Palast in Hampton Court. Er war so erpicht darauf, dieses Projekt durchzuführen, dass er in der Nähe der Baustelle eigens einen Brennofen für Backsteine errichten ließ und den Handwerkern befahl, auch nachts im Schein der Fackeln zu arbeiten, was diese in große Verzweiflung stürzte.

Um den König etwas aufzuheitern, richteten seine Freunde ein Turnier aus. Das schien die beste Medizin zu sein; Heinrich ließ sich keine Gelegenheit entgehen, seine Geschicklichkeit im Umgang mit dem Schwert und zu Pferd unter Beweis zu stellen. Es gelang ihm auch, mehrere gegnerische Ritter vom Pferd zu stoßen, ehe er selbst aus dem Sattel geworfen wurde und bewusstlos zu Boden stürzte. Als Anne die Nachricht vom Sturz des Königs erfuhr, setzten verfrüht ihre Wehen ein. Am Tag darauf gebar sie einen Sohn, der jedoch tot geboren wurde.

Chapuys kam Ende April in Hatfield an, kurz nach diesen Ereignissen. Als Shelton und Clere sich wie Hyänen auf ihn stürzten, machte er eine abfällige Handbewegung. »Mit Eurer Macht ist es vorbei«, ließ er sie wissen. »Aus und vorbei, wie ein sommerliches Gewitter.« Shelton und Clere starrten ihn fassungslos an, während ich mich über seine Kühnheit wunderte.

»Der König ist unvorhersehbar geworden«, teilte er mir mit, sobald wir allein waren. »Doch eines steht fest: Lady Anne hat ausgedient. Heinrich rast vor Wut, weil Annes Kind tot geboren wurde, ein Junge zudem, und gibt ihr alle Schuld der Welt. Sie hingegen weint nur noch und behauptet, dass der Schock über seinen Unfall beim Turnier ihre Wehen frühzeitig ausgelöst hätte.«

»Stimmt es, dass der König eine neue Geliebte hat?«

»Alle Anzeichen sprechen dafür. Anne ertappte ihn mit Jane Seymour auf seinen Knien und ließ ein höchst unkönigliches Donnerwetter los. Sie riss Jane ihr Halsband vom Hals, woraufhin diese blutete. Das geschah nur wenige Tage nach der Totgeburt. Heinrich behauptet inzwischen, dass seine Ehe mit Anne ungültig sei, weil sie ihm keinen Sohn geschenkt hat. Zudem behauptet er, sie habe ihn durch Hexerei und Zauberei zu dieser Ehe verleitet. Meiner Meinung nach will er Anne jedoch nur so schnell wie möglich loswerden, um Jane heiraten zu können.«

»Wie könnte er das?«, fragte ich. »Eine weitere Scheidung?«

Chapuys schüttelte schmunzelnd den Kopf. »An etwas so Kompliziertes wie eine Scheidung denkt er nicht«, sagte er. »Heinrich hat Cromwell mit der Lösung seines Dilemmas beauftragt, der dafür bekannt ist, selbst komplizierteste Situationen zu entwirren.«

Mein Herz schlug schneller. »Dann werde ich bald wieder als rechtmäßige Thronerbin eingesetzt!«, rief ich.

Doch Chapuys dämpfte meine Begeisterung rasch. »Nein, Madam. Heinrich wird Jane heiraten. Ihr werdet auch weiterhin ein Bastard bleiben. Doch da ihr den Eid noch nicht geschworen habt, den er verlangt, wird sich an Eurer Position nichts ändern. Ihr schwebt auch weiterhin in großer Gefahr, Maria. Der König ist in blutrünstiger Stimmung – erst neulich ordnete er die Enthauptung des Bischofs von Rochester und von Sir Thomas More an. Ich war Zeuge ihrer Hinrichtung.«

»More war doch sein engster Freund!«, rief ich ungläubig aus.

»Trotzdem. Heinrich lässt jeden aus dem Weg räumen, der sich ihm und seinem despotischen Willen in den Weg stellt. Etwas in seinem Inneren ist gestorben. Die Güte, die er früher besaß, ist bösen Impulsen gewichen. Er kennt kein Mitleid mehr, das seine Grausamkeit zügeln könnte.«

»Und all das wegen einer Frau«, sagte ich aufgebracht. »Anne ist eine Hexe! Sie hat ihn verhext. Ich finde keine andere Erklärung für sein grausames Vorgehen. Doch wenn er sich erst einmal von ihr getrennt hat, bekommt er vielleicht wieder einen klaren Kopf.«

»Das wünschte ich auch, Madam«, sagte Chapuys. »Doch ich gestehe Euch, im Moment gilt meine ganze Sorge Euch. Mit jedem Tag wird Eure Position noch gefährlicher, da Ihr Euch weigert, den Eid zu unterzeichnen. Obwohl ich mir nicht vorstellen kann, dass Euer Vater es zulassen wird, dass Euch dasselbe Schicksal ereilt wie die anderen Verweigerer, kann ich nicht für Eure Sicherheit garantieren. Und was die Hoffnung auf eine glückliche Zukunft angeht . . .« Chapuys hob ratlos beide Hände und blickte zum Himmel.

Nachdem Chapuys mich verlassen hatte, saß ich zusammengekauert am Tisch und presste die Hände an meinen pochenden Kopf. Es stimmte: Auch wenn Anne im Begriff stand, ihre Macht zu verlieren, so war ich doch kein bisschen besser dran als zuvor. Ich war noch immer allein. Jede Hoffnung darauf, eines Tages die englische Königskrone zu tragen, lag ferner denn je. Und ich wusste, dass ich – wenn ich nicht nachgeben und unterschreiben würde – für immer eine Ausgestoßene wäre, falls ich überhaupt mit dem nackten Leben davonkäme.

Es schien keinen Ausweg zu geben.

Zu unterzeichnen würde bedeuten, gegen alles zu verstoßen, woran ich glaubte. Ich würde Schwäche und Feigheit zeigen, wo andere Stärke und Mut bewiesen und den Tod – nicht als Verräter, wie mein Vater behauptete, sondern als Märtyrer – in Kauf genommen hatten. Nicht zu unterzeichnen bedeutete fast unweigerlich den Tod. Und obwohl mein Leben alles andere als angenehm war, so hing ich dennoch daran.

Nicht einmal eine Woche später kam Bryan aufgeregt in mein Zimmer gestürzt. Ihre grauen Haare hingen wirr um ihr faltiges Gesicht. »Mein Neffe ist verhaftet worden, Madam!«, rief sie und hielt mir ein zerknittertes Stück Pergament hin. »Francis – angeklagt des Ehebruchs mit der Königin und in den Tower geworfen! Und Königin Anne ist auch eingesperrt worden!« Sie drückte mir das Blatt in die Hand und sank auf den Boden.

»Anne ist im Tower? Das kann nicht . . .«, begann ich. Doch dann verstummte ich und überflog die flüchtig hingekritzelte Nachricht. In knappen Zeilen berichtete Sir Francis, dass er und vier andere Männer des Verrats angeklagt seien. Und dass auch die Königin verhaftet worden sei.

Bryan schritt hysterisch in meinem Zimmer auf und ab. Ich legte ihr den Arm um die Schultern und versuchte sie zu trösten. Ich war versucht, sie daran zu erinnern, dass Sir Francis niemals Annes Geliebter gewesen sein konnte. Wir beide wussten, wie wenig er die Königin mochte! Aber mir war klar, dass es im Grunde keine Rolle spielte, was Francis getan oder nicht getan hatte. Der König wollte sie beide loswerden. Sosehr ich mich über Annes Sturz freute, so sehr bestürzte es mich jedoch, dass Sir Francis mit ihr in die Tiefe gerissen wurde.

»Wir dürfen die Hoffnung nicht aufgeben, dass Francis vielleicht doch verschont bleibt«, sagte ich zu der weinenden Bryan. Insgeheim hatte ich jedoch wenig Hoffnung für ihn und die anderen Angeklagten, wer immer sie auch sein mochten.

KAPITEL XX

DIE HINRICHTUNGEN

Tagelang flehten wir Gott um Gnade an und warteten bangen Herzens auf neue Nachrichten über Anne, Sir Francis und die anderen – ein Schreiben, ein Besuch, was auch immer! Die arme Bryan war in einem erbärmlichen Zustand und konnte nur noch weinen, wie im Fieber reden und Cromwell an allem die Schuld geben. »Cromwell hat dieses Ammenmärchen in die Welt gesetzt. Er hat sich die Anklagepunkte gegen Francis aus den Fingern gesogen, um die Königin des Verrats beschuldigen zu können. Oh, gütiger Gott, hab Erbarmen!«, jammerte sie. Ich spürte, dass sie vermutlich Recht hatte.

Nach langem Warten erhielt ich schließlich ein Schreiben von Chapuys, der sich inzwischen sicher sein musste, dass Shelton und Clere es nicht mehr wagten, meine Briefe zu lesen. Chapuys schrieb:

Am ersten Mai, anlässlich des traditionellen Maiturniers, wurde Königin Anne dabei beobachtet, wie sie in Gegenwart von Francis Peacham ein Taschentüchlein fallen ließ. Fest davon überzeugt, dass es ein geheimes Signal für ihren Liebhaber sei, wandte sich der König empört ab und verließ das Turnier. Er befahl Peacham zusammen mit ihm und seinen Freunden Norris und Brereton nach Greenwich zurückzu-

reiten. Am nächsten Tag ordnete Heinrich die Verhaftung
aller drei Männer an sowie die eines Hofmusikanten na-
mens Mark Smeaton. Die fünfte und für uns überraschends-
te Verhaftung betraf Annes eigenen Bruder George, Vicomte
von Rochford. Alle werden des Ehebruchs mit der Königin
beschuldigt – selbst ihr leiblicher Bruder!
Anne wurde von Cromwells Männern festgenommen und
am helllichten Tag mit der Barke zum Tower gebracht, so-
dass alle Welt ihre Demütigung mit ansehen konnte. Ihr
werden Ehebruch, Inzest und Verrat zur Last gelegt. Die
fünf Männer wurden des Verrats bezichtigt, leugneten an-
fangs jedoch standhaft. Erst unter Folter brach Smeaton zu-
sammen und legte ein Geständnis ab.

Ich musste an Mark Smeaton denken, einen Bürgerlichen, dessen musikalisches Talent ihm den Zugang zum
Hof verschafft hatte. Auch ich hatte sein lebhaftes Spiel
und seine angenehme Stimme schon bewundert. Sollte er
wirklich Annes Liebhaber gewesen sein? Ich las weiter:

Das von Smeaton unterzeichnete Geständnis besagte, dass
er bei mehreren Gelegenheiten von einer alten Dienstmagd
im Gemach der Königin in dem Schrank versteckt wurde, in
dem sie ihre Süßigkeiten aufbewahrte. Annes mit lauter
Stimme geäußerter Wunsch nach Süßigkeiten war für
Smeaton das Signal, aus seinem Versteck zu kommen.
Francis Peacham gestand als Nächster. Er gab zu, dass sein
Flötenspiel für die Königin normalerweise mit einer Liebes-
stunde endete. Man bekommt wunderliche Dinge zu hören,
wenn ein Mann auf die Streckfolter gelegt wird und seine
Gelenke ausgekugelt werden. Die Geständnisse von Norris

*und Brereton kamen unter ähnlichen Umständen zu Stan-
de. Nur Annes Bruder George beharrte standhaft auf seiner
Unschuld.*
*Am zehnten Mai begann die Gerichtsverhandlung. Als Letz-
ter wurde Annes Bruder vorgeführt und infolge der Zeugen-
aussage seiner eifersüchtigen Frau verurteilt.*

Dieses rachsüchtige Weib, dem ich einst mein Hab und
Gut überlassen musste!

*Die Vicomtesse schwor, dass Königin Anne bei mehr als nur
einer Gelegenheit öffentlich behauptet hatte, der König wäre
unfähig Nachkommen zu zeugen. Und auch, dass Anne behauptet hatte, bei verschiedenen Gelegenheiten mit anderen
Männern geschlafen zu haben, um einen Sohn zu gebären,
den sie dem König als sein eigen Fleisch und Blut unterzuschieben gedachte.*
*Am fünfzehnten Mai, dem Tag, an dem ich diese Zeilen
schreibe, sind Anne und all ihre fünf »Liebhaber«, darunter
auch ihr Bruder, wegen Hochverrats zum Tode verurteilt
worden. Königin Anne wird entweder verbrannt oder enthauptet werden, die Entscheidung darüber liegt beim König. Den Verurteilten bleiben nur noch vier Tage, um über
ihre Missetaten nachzudenken und mit Gott Frieden zu
schließen. Die Uhr tickt unablässig auf die Stunde ihrer
Hinrichtung hin.*
*Sobald diese schreckliche Angelegenheit über die Bühne ge-
bracht ist, werde ich Euch einen Besuch abstatten.*

Ich war so außer mir, dass ich es nicht über mich brachte,
Bryan diesen Brief zu zeigen oder ihr auch nur etwas von

seinem Inhalt zu sagen. Wir flüchteten uns erneut ins Warten und Beten.

Drei Tage später drückte mir Bryan, weiß wie ein Geist, wortlos einen Brief von Sir Francis in die Hand. Wehklagend stand sie an die Wand gelehnt, während ich den Brief las.

Liebste Tante, hatte er in einer so unleserlichen und unregelmäßigen Schrift geschrieben, dass ich Mühe hatte, die Worte zu entziffern, *dies ist mein Abschiedsbrief an Euch.* Der weitere Wortlaut war:

Mir bleibt nicht mehr viel Zeit zum Leben. Ich schwöre Euch, dass ich unschuldig bin, wie ich es auch vor den Richtern geschworen habe, doch ich bin so lange gefoltert worden, bis ich mich schließlich eines Verbrechens schuldig bekannte, das ich niemals begangen habe. Ich bin zum Tode verurteilt worden und werde meinem Schicksal tapfer entgegengehen.

Das Schreiben trug das Datum vom achtzehnten Mai. Heute war der zwanzigste. Ich sprach ein stummes Gebet für die arme Seele von Francis Peacham, ehe ich seine trauernde Tante in die Arme schloss.

Es verging keine Woche, bis Chapuys wie versprochen nach Hatfield kam. Ich begrüßte ihn mit der bangen Frage: »Ist Anne tot?«

»Jawohl, Madam. Sie und auch die anderen.«

Ich wurde überwältigt von einer Mischung aus Gefühlen, die zwischen Freude über den Tod der verhassten, falschen Königin, Mitgefühl für die schwer geprüfte Bryan und Kummer wegen Sir Francis lagen, der meinetwegen so manches Risiko auf sich genommen hatte.

Der Botschafter geleitete mich zu einer Bank im Kräuter- und Blumengarten von Hatfield. Zwischen Kamillenblüten und Veilchen beschrieb er mir den genauen Ablauf der Ereignisse.

»Es begann alles im April, als unser Freund Cromwell im Auftrag des Königs eine Liste der Männer aufstellte, von denen gemunkelt wurde, sie hätten eine Affäre mit der Königin«, sagte er. »Und es ist nicht auszuschließen, dass Cromwell einiges hinzudichtete, um seinen Auftrag zufrieden stellend auszuführen. Jedenfalls gab es diesen Zwischenfall mit dem Taschentüchlein, das Anne beim Maiturnier fallen ließ.«

»Würde Anne jemals ein solches Risiko eingehen?«, wunderte ich mich laut. »Sie ist schließlich nicht dumm.« Dann korrigierte ich mich: »*War* nicht dumm.«

»Ganz recht. Doch dieses Vorkommnis kam dem König sehr gelegen. Es half ihm, sein Problem zu lösen.«

»Wart Ihr zugegen?«, fragte ich.

»In der Tat. Ich war unter der Menschenmenge auf den Straßen von London, als Anne aus dem Gerichtshof in den Tower zurückgeführt wurde. Alle starrten wie gebannt auf die Äxte der Wachen, an deren Köpfen man den Urteilsspruch ablesen kann. Sind die Klingen vom Gefangenen abgewandt, ist er für unschuldig befunden worden. Doch die Klingen waren auf die Königin gerichtet! Die Leute wagten es nicht, auch nur einen Ton von sich zu geben. Für Anne hatten sie keine Sympathien, sehr wohl aber für die fünf verurteilten Männer, an deren Schuld die wenigsten glaubten.«

»Mein lieber Botschafter, warum hat der König ausgerechnet diesen Weg gewählt, um sich von Anne zu befreien?«

»Weil der König wieder einmal verliebt ist. Während der Gerichtsverhandlung amüsierte er sich damit, Jane Seymour den Hof zu machen. Er fand aber gerade noch die Zeit, sich von Anne scheiden zu lassen, bevor sie starb, wodurch auch Elisabeth zu einem Bastard wurde. Jeden Abend begab er sich auf Janes Barke, angetan in feinsten Gewändern, Federn am Hut und einem Rubin am Daumen, der aus dem Schrein von Canterbury stammt. Er hat getrunken, getanzt und sich bestens amüsiert, in Blickweite des Towers! Ich fand sein Benehmen abstoßend, Madam.«

Abstoßend, ja – da konnte ich ihm nur Recht geben. Aber gleichzeitig war ich erleichtert, dass er Anne verstoßen hatte, meinen Alptraum, meine erbittertste Feindin. Doch ich hatte auch Angst. Mein Vater hatte ganz offensichtlich den Verstand verloren. Obschon Anne nicht mehr lebte, schwebte ich auch weiterhin in Gefahr.

»Ich habe Euch ein Schreiben von Lady Kingston, der Frau des Oberbefehlshabers des Towers, mitgebracht«, fuhr der Botschafter fort und zog ein Blatt Pergament aus seinem Lederbeutel. »Darin hat sie Annes letzte Stunden beschrieben. Wollt Ihr allein sein, wenn Ihr es lest, Madam?«

»Nein, nein. Bitte, bleibt«, bat ich ihn. Mit zitternden Händen öffnete ich das Schreiben und las:

Bis zuletzt hatte Anne gehofft, doch nicht sterben zu müssen. Dann erfuhr sie, dass der König sie zwar für schuldig hielt, ihr aber eine letzte Gnade erweisen würde: Sie würde nicht wegen Inzests verbrannt, wie viele es für angemessen hielten, sondern enthauptet werden. Als weiteres Zeichen seines Mitgefühls versprach Heinrich, den besten und geschicktesten Schwerthenker aus Calais kommen zu lassen, statt sie einem ungeschickten Henker und seinem Beil zu überlassen.

Anne brach immer wieder in wildes Gelächter aus, doch schon in der nächsten Minute warf sie sich auf den Boden und schluchzte: »Wer wird mich erretten? Wer wird mich erretten?« Mal war sie arrogant und hochmütig, dann wieder am Boden zerstört und bemitleidenswert, es gab kein Mittelding.

Am neunzehnten Mai begann für Königin Anne ihr letzter Tag auf Erden. Lange vor Tagesanbruch war die Königin schon auf den Knien ins Gebet vertieft. Am frühen Morgen ließ sie ihre Zofen kommen, die ihr beim Ankleiden behilflich sein sollten. Doch nur zwei ihrer Zofen waren bereit, ihr in ihren letzten Stunden beizustehen. Die anderen war geflohen, aus Angst, sie könnten ebenfalls aus irgendwelchen Gründen für schuldig befunden werden. Anne kleidete sich in ein graues Damastkleid, das sich über einem dunkelroten Unterrock öffnete. Darüber trug sie einen mit Hermelin besetzten Umhang. Ihr langes, dunkles Haar hatte sie unter einem goldenen Haarnetz zusammengefasst.

Ich fragte mich, ob Anne wohl auch ihr übliches Seidenband mit dem großen Juwel getragen hatte, um das Hexenmal zu verbergen, das alle Welt an ihrem Hals vermutete. Doch dieses Halsband wurde nicht erwähnt. Lady Kingston schloss ihren Brief mit folgenden Worten:

Ich glaube, dass Königin Anne die begangenen Fehler auf-
richtig bereut hat. Es mag Euch überraschen, zu erfahren,
Madam, dass sie am meisten dafür gebetet hat, dass Ihr ihr
vergeben möget. Unter vier Augen vertraute sie mir an, dass
ihr bewusst sei, wie viel Unrecht sie Euch zugefügt hat, und
dass sie leichteren Herzens in den Tod ginge, wenn sie wüss-
te, dass Euer Herz ihr vergeben hat.

Das Schreiben entglitt meinen Fingern. Anne vergeben?,
dachte ich bitteren Herzens. Nie, niemals!

»Madam?«, sagte Chapuys, der mich mit der üblichen Be-
sorgtheit beobachtet hatte.

»Anne betete darum, dass ich ihr vergebe«, murmelte ich.

»Nichts Ungewöhnliches für einen Menschen, der dem
Tod ins Auge blickt«, sagte Chapuys. »Und viel leichter
getan, als wenn man damit rechnet, weiterleben zu dürfen.«

»Wart Ihr zugegen, als sie starb?«, fragte ich ihn.

»Jawohl. Als Vertreter von Kaiser Karl ist es meine offizielle Pflicht, der Hinrichtung einer Monarchin beizuwohnen.

Als die ersten Strahlen der Morgensonne über die dicken
Mauern fielen, die den Park des Towers umgeben, begannen die Hinrichtungen. Anne war Augenzeugin, als die fünf
Männer einzeln zum Schafott geführt wurden. Ihnen wurden die Augen verbunden und sie knieten sich nieder – einige sprachen ein paar letzte Worte, andere schwiegen –
und dann legte jeder seinen Kopf auf den Holzblock. Jedes
Mal holte der schwarz vermummte Henker mit seiner
schweren Axt aus und ließ es in das Genick des Gefangenen sausen. Der abgetrennte Kopf rollte davon, Blut spru-

delte aus dem Halsstumpf. Die Gehilfen des Henkers schleppten den Körper zur Beisetzung davon und sammelten den abgetrennten Kopf ein, um ihn auf einen Pfahl aufzuspießen, damit er mit den anderen am Verrätertor an der London Bridge zur Schau gestellt werden konnte.

Als Erster war Smeaton an der Reihe«, erinnerte sich Chapuys, »der bei der Folter so zerstümmelt worden war, dass er nicht ohne Hilfe die vier Stufen zum Schafott hinaufgehen konnte.

Dann kam Norris, dann Brereton. Der Vierte war Sir Francis Peacham, der seinem Schicksal tapfer und gefasst, mit Würde und Demut entgegenging. Er hielt sogar eine kleine Ansprache, in der durchklang, dass er sein Leben zum Wohle des Königreichs opferte.«

»Seine arme Tante teilt diese Ansicht nicht«, sagte ich betrübt. In meiner Befürchtung, sie könne vor Kummer wahnsinnig werden, hatte ich alles in meiner Macht Stehende getan, um meine alte Kinderfrau zu trösten. Nach dem frühen Tod seiner Mutter, ihrer Schwester, hatte sie ihn aufgezogen und sie hing an ihm, als wäre er ihr eigener Sohn.

»Der Letzte aus der Reihe der Männer war George, Annes Bruder. Anne war gezwungen, sich alle fünf Hinrichtungen anzuschauen.«

»Ich habe um Annes Tod gebetet«, gestand ich Chapuys, »doch so viel Blutvergießen habe ich nicht gewollt.«

»Es ist in der Tat viel Blut vergossen worden«, sagte Chapuys. »Im Auftrag des Königs ist am Park des Towers eigens ein neuer Hinrichtungsort errichtet worden, etwas abgelegener als der bisherige Hinrichtungsort auf dem Hügel vor den Mauern. In den Block aus poliertem Holz ist eigens eine Rinne geschnitzt worden, in die der Verurteilte seinen Hals legen kann. Doch bei der Enthauptung der vier Edelmänner und des bürgerlichen Smeaton floss so viel Blut, dass das bereitgelegte Sägemehl nicht ausreichte, um alles aufzusaugen. Der Henker musste seine Gehilfen rufen, es wegzuwischen.

Die kleine Gruppe von Menschen, denen es erlaubt worden war, sich im Park des Towers zu versammeln, war ruhelos und lärmend – bis Anne auftauchte, in Begleitung des Priesters, der ihr die letzte Beichte abgenommen hatte. Plötzlich herrschte Totenstille.«

Ich holte tief Luft. »Und mein Vater? War der König zugegen?«

»Er wurde nicht gesehen. Doch es ist möglich, dass er von einem der Fenster, die auf den Park hinausgehen, zugeschaut hat.«

»Hat Anne etwas gesagt, als sie aufs Schafott stieg?«, fragte ich.

»Nichts, das jemand von uns Zuschauern hätte hören können. Sie ging hoch erhobenen Hauptes und sie zitterte – alle sahen, dass sie zu taumeln drohte –, doch sie schritt weiter, während der Priester vorsichtshalber seine Hand an ihrem Ellbogen hatte, um sie gegebenenfalls zu stützen. Sie ging den Weg zu den Stufen des Schafotts, dann die Stufen hinauf, eine nach der anderen. Der Priester blieb unten stehen und blickte ihr nach.

Oben auf dem Schafott erwartete sie der Henker, das Gesicht unter einer schwarzen Kapuze verborgen, sodass nur seine Augen zu sehen waren. Sein großes Schwert glänzte in der Sonne. Anne legte ihren Umhang ab und das goldene Haarnetz, das ihre Haare zusammengehalten hatte, und überreichte es einer Zofe, die tränenüberströmt damit davonlief. Dann kniete sich Anne vor den Holzblock, der zwar gesäubert worden, aber noch immer feucht war. Ein Gehilfe des Henkers reichte ihr eine Augenbinde aus Leinen, die sie entgegennahm.

Wir hatten erwartet, dass sie etwas sagen würde, um ihre Unschuld zu beteuern, doch das tat sie nicht. Ihr Gesicht war wie aus Marmor, weiß und ausdruckslos. Sie beugte sich vor und legte ihren Kopf auf den Holzblock. Auf einmal schien ihr einzufallen, dass ihre langen Haare eine Behinderung für das Schwert des Henkers sein könnten, weshalb sie sie mit beiden Händen über den Kopf warf und ihren weißen Nacken bloßlegte. Die Umstehenden wagten kaum zu atmen.

Madam, ich habe schon vielen Hinrichtungen beigewohnt, weit mehr, als man sich wünschen könnte, aber eine wie diese habe ich noch nie erlebt. Der Henker hob sein Schwert und es war, als würde die Welt stillstehen. Die Sonne stand reglos am Himmel, kein Vogel schlug mehr mit den Flügeln, jedes Kind verstummte. Dann sauste die Klinge herunter. Wir hörten das schreckliche Geräusch – es gibt nichts Gleichartiges unter der Sonne –, als das Beil Fleisch und Knochen durchschnitt. Der Kopf löste sich vom Körper und wurde vom Gehilfen des Henkers aufgefangen. Er hielt ihn an dem schwarzen Haarschopf hoch, der Annes ganzer Stolz gewesen war, und ging damit an alle vier Seiten des Schafotts, um den Kopf als schauerlichen Beweis der Menge zu zeigen. Die schwarzen Augen schienen die Umstehenden finster anzustarren. Doch es war vorbei. Königin Anne war tot.«

Chapuys seufzte. Für eine geraume Weile schwiegen wir

beide. Plötzlich wehte der liebliche Duft von Rosen herüber und ich erhob mich und begann zum Palast zurückzugehen.

»Dann ist es nun vorbei«, sagte ich nach einer Weile. »Meine Feindin ist tot.«

Chapuys, der seine Schritte den meinen anpasste, schüttelte traurig den Kopf. »Anne ist tot, das stimmt. Aber Ihr seid alles andere als sicher. Euer Leben ist auch weiterhin in Gefahr.« Plötzlich beugte Chapuys sich zu mir und umfasste meine kalten Hände mit den seinen. »Ihr müsst den Eid unterzeichnen, Madam. Beugt Euch dem Wunsch Eures Vaters.«

»Ich beuge mich nur den Wünschen Gottes!«, rief ich und versuchte, meine Hände zu befreien.

Doch Chapuys hielt sie eisern fest. Seine dunklen Augen blickten mich durchdringend an. »Hört auf mich, Maria! Wenn Ihr nicht unterzeichnet, wird Annes Schicksal auch Euch ereilen. Der König ist ein gewalttätiger Mensch und seine Brutalität wächst von Tag zu Tag. Es mag ihn betrüben, Euch hinrichten zu lassen. Es mag ihm vielleicht sogar das Herz brechen. Aber er wird es tun. Sein Wille steht gegen den Euren und Ihr *könnt nicht siegen.*« Chapuys lockerte seinen Griff um meine Hände, hielt sie jedoch weiter fest. »Ich könnte es nicht ertragen, wenn Euch ein Leid geschähe«, sagte er mit heiserer Stimme. »Ich bitte Euch, Maria – unterzeichnet den Eid um Gottes willen.«

»Helft mir, von hier zu fliehen!«, rief ich aus. »Ich wäre bereit, in einem Weidenkorb über den Kanal zu setzen, wenn ich England nur endlich hinter mir lassen könnte!«

Chapuys schüttelte betrübt den Kopf. »Ich würde mein

Leben geben, wenn ich Euch damit helfen könnte, Madam. Doch ich bin ohnmächtig. Vergebt mir.« Er verbeugte sich und verließ mich an der Tür zum Palast.

Nachdem der Botschafter gegangen war, ging ich in mein Zimmer hinauf, legte den Kopf auf meinen Schreibtisch und schloss erschöpft die Augen. Ich fühlte mich allein und verlassen und nur von Feinden umgeben. Meine Lage war ausweglos.

In diesem Moment verließen mich alle Kräfte. Auch jeglicher Mut war dahin. Ich versuchte zu beten, fand jedoch keine Worte.

In diesem Zustand tastete ich nach meinem versteckten Vorrat an Schreibutensilien und schrieb eine Botschaft für Cromwell: *Schickt mir die Dokumente. Ich werde die Eide unterzeichnen.*

KAPITEL XXI

EINE NEUE GEGNERIN

Cromwell überbrachte mir die Dokumente höchstpersönlich und ließ es sich auch nicht nehmen, dabei zu sein, als ich meine Unterschrift darunter setzte, *Maria Tudor,* wobei ich den Titel wegließ, den ich noch immer rechtmäßig als mein betrachtete: Prinzessin.

Ich erkannte König Heinrich VIII. als Oberstes Haupt der Kirche von England an.

Ich erkannte die legitimen Kinder meines Vaters als rechtmäßige Thronerben an.

Das Schwerste für mich hierbei war, dass ich damit auch stillschweigend anerkannte, das uneheliche Kind aus einer blutschänderischen Heirat zu sein.

Als ich fertig war, beglaubigte Cromwell meine Unterschrift mit seinem Tintenschnörkel.

Sobald die Eide unterzeichnet und versiegelt waren, wurde ich von Gewissensbissen gepeinigt. Ich hatte meine Mutter verraten. Ich hatte es nicht geschafft, meinen Prinzipien treu zu bleiben und die Konsequenzen zu tragen. Es gab noch immer viele, die sich standhaft weigerten zu unterschreiben, und die Zahl der Hinrichtungen nahm zu. Dutzende von Köpfen faulten auf den Pfählen am Verrätertor am Tower vor sich hin – ein schauriger

Anblick. Viele der Hingerichteten waren Mönche, deren Klöster beschlagnahmt worden waren. Andere waren einfache Leute vom Land, deren religiöser Überzeugung es zuwiderlief, dass der König im Recht sein könnte. Sie waren stark geblieben, während ich schwach geworden war. Sie hatten durchgehalten, während ich aufgegeben hatte, mich brechen ließ, mich ausgeliefert hatte! Die Gewissensbisse wurden noch unerträglicher, wenn ich nachts schlaflos in meinem Bett lag. Tagsüber hatte ich so starke Kopfschmerzen, dass ich nicht klar sehen konnte, weshalb ich weder lesen noch mich einer Stickarbeit hingeben konnte.

Erschöpft, halb blind und in tiefer Verzweiflung kniete ich in der Kapelle des Palasts und starrte auf den leidenden Jesus am Kreuz. »*Miserere mei, Deus*«, betete ich. »*Salvum me fac, Deus.*« Erbarme dich meiner, Herr. Errette mich, Herr.

Da vermeinte ich in der düsteren Stille der Kapelle auf einmal ein Flüstern zu hören, ein Murmeln, als würde die Gestalt am Kreuz zu mir sprechen. Ich starrte in das Gesicht Jesu, doch meine Augen waren zu schwach, um es deutlich sehen zu können. Doch die Stimme war nicht zu überhören: *Du musst leben, Maria,* sagte sie, *denn eines Tages wirst du Königin sein. Du wirst die vom König befleckte Kirche wieder in den Schoß der heiligen Mutter Kirche Roms zurückführen. Gehe hin in Frieden.*

An mehr kann ich mich nicht erinnern, denn ich fiel ohnmächtig zu Boden.

Nach und nach besserten sich meine Lebensumstände. Shelton und Clere wurden entlassen. Neue Kinderzofen kamen an, um sich um die kleine Elisabeth zu kümmern, die weiterhin in Hatfield wohnte, wo ich mich ihrer Gesellschaft erfreuen konnte, ohne ihre Dienerin sein zu müssen. Ich durfte in komfortablere Räume umziehen, konnte kommen und gehen, wie es mir beliebte, mich in der Gesellschaft der Hofdamen aufhalten, wenn mir danach war, und hatte so viele Bedienstete, wie ich brauchte. Cromwell sandte mir ein Geschenk, eine lebhafte kleine schwarze Stute, auf der ich fast täglich ausritt. Meine Kopfschmerzen wurden seltener. Ich konnte nachts wieder mehrere Stunden am Stück schlafen, obwohl ich niemals vergaß, welch hohen Preis ich dafür bezahlt hatte.

König Heinrich hatte sich eine neue Gemahlin genommen: Jane Seymour.

»Sie haben sich am Tag von Annes Enthauptung verlobt und zehn Tage später, an Pfingsten, geheiratet«, berichtete mir Chapuys. »Der König und seine Braut waren von Kopf bis Fuß in strahlendes Weiß gekleidet. Heinrich setzt große Hoffnungen auf diese neue Verbindung.«

Gegen Ende des Sommers erfuhr ich, dass König Heinrich und Königin Jane nach Hatfield zu kommen beabsichtigten.

Eines Morgens Ende August des Jahres 1536 kamen sie mit dem üblichen Prunk und Gefolge an. Alles war bestens vorbereitet worden. Worauf ich persönlich allerdings nicht vorbereitet war, war der Anblick des dicken ältlichen Mannes, der langsam über den Hof gehumpelt kam. In meiner Vorstellung hatte ich meinen Vater immer noch so gesehen, wie ich ihn aus meiner Kindheit in Erinnerung hatte: groß, stark, gut aussehend mit seinem rotgoldenen Haar und seinem Bart, seinen fröhlichen blauen

Augen und dem gewinnenden Lachen – das Bild eines Mannes in den besten Jahren. Doch diese Erinnerung war natürlich fast fünfzehn Jahre alt, wie ich mir eingestehen musste.

Der König Heinrich, der nun vor mir stand, sah wesentlich älter aus als seine fünfundvierzig Jahre. Er schritt nicht mehr forsch daher, sondern stützte sich auf einen goldenen Gehstock und zog ein Bein nach. Offiziell war ein Sturz vom Pferd an seinem Humpeln schuld, doch es wurde gemunkelt, dass der König ein Geschwür am Oberschenkel hätte, das nicht heilte und ihm ständige Schmerzen bereitete.

An Heinrichs Seite schwebte seine neue Gemahlin, hellhäutig und blond, mit geziert geschürzten Lippen – Königin Jane.

Ich bekam plötzlich ein solches Nervenflattern, dass ich noch immer zitterte, als ich später an diesem Tag in die königlichen Gemächer gerufen wurde.

Ein Page kündigte mich an: »Eure Majestäten, Lady Maria ist da.« Ich fiel auf die Knie. Dann erhob ich mich wieder, näherte mich meinem Vater und kniete mich ein zweites und drittes Mal nieder, wobei ich mich jedes Mal so tief verbeugte, bis meine Stirn das gebeugte Knie berührte.

»Meine teuerste Maria«, sagte der König. »Erhebe dich!«

Ich gehorchte. Der König blieb sitzen, sodass ich ihm beim Stehen nun direkt in die Augen schauen konnte, die blutunterlaufen waren und tief in den Augenhöhlen des aufgeschwommenen Gesichts lagen. Violette Adern zeichneten sich auf seiner geschwollenen Nase ab. Sein früher rotgoldenes Haar war sandfarben geworden und mit grauen Strähnen durchsetzt. Als er lächelte, sah ich, dass ihm etliche Zähne fehlten.

Ich hatte Mühe, meine Abscheu vor dem zu verbergen, was aus ihm geworden war. Es kam mir so vor, als würde sein Gesicht all die von ihm begangenen Grausamkeiten und Schlechtigkeiten widerspiegeln. Bestimmt hatte Anne diese Veränderungen verursacht. Sie hatte vielleicht nicht seinen Körper, wohl aber seine Seele vergiftet. Huldvoll reichte er mir die Hand, über die ich mich, noch immer zitternd, beugte, um einen Kuss darauf zu hauchen.

Dann blickte ich zu Königin Jane, die mich freundlich anlächelte. »Maria«, sagte sie leise und reichte mir ihre kühlen, nervösen Finger.

Vielleicht kann diese Frau ihn heilen, dachte ich und zwang mich, ihr Lächeln zu erwidern. Vielleicht kann sie ihn aus Annes Hexenbann befreien. Doch ich glaubte nicht wirklich, dass es noch möglich war. Es war bereits zu spät.

Der König und die Königin blieben mehrere Tage in Hatfield, was die Künste des Kochs und seiner Küchenbediensteten, genügend Fleisch und Getränke für den königlichen Hofstaat aufzutreiben und lecker zuzubereiten, auf eine harte Probe stellte. Zu meiner Verwunderung erkundigte sich der König nie nach Elisabeth, die demnächst ihren dritten Geburtstag feiern würde. Er war doch sicher darüber im Bilde, dass sie seit ihrer Geburt zumindest teilweise unter meiner Obhut stand. Doch es war, als existierte das kleine Mädchen nicht. Verständlich, sie erinnerte ihn an Anne Boleyn. Auch Elisabeth war inzwischen zum Bastard erklärt worden. Nun hatte keine von uns mehr ein Anrecht auf den Thron. Wir waren beide verstoßen worden.

Am Abend vor ihrer Abreise schenkte mir Königin Jane zum Zeichen ihrer Freundschaft einen Diamantring und der König übergab mir tausend Fünfschillingstücke, damit ich meine Garderobe erneuern konnte. In Betracht des zerlumpten Zustands meiner Kleidung war diese Summe allerdings nur ein Tropfen auf den heißen Stein.

»Wir freuen uns darauf, dich an Weihnachten bei uns am Hof zu sehen«, sagte Jane.

»Höchste Zeit, dass wir einen passenden Ehemann für dich finden, Maria«, sagte mein Vater mit dröhnender Stimme. »Wie alt bist du jetzt?«

»Zwanzig, Euer Majestät«, antwortete ich mit einem graziösen Hofknicks.

»Wirklich höchste Zeit, höchste Zeit!«, krähte der König in einer hohen, kindischen Stimme und setzte zu ein paar übermütigen Tanzschritten an, die jedoch prompt mit einem Ächzen endeten. Seine Miene veränderte sich erneut. »Hättest du nicht gern einen Mann im Bett, Töchterlein?«, fragte er mit einem anzüglichen Grinsen. »Oh, doch, das würde dir gefallen, leugne es nicht, ich weiß es genau! Und du sollst ihn bekommen!« Der König legte seinen dicklichen Zeigefinger an die Stirn und tat so, als würde er intensiv nachdenken. »Aha! Aha, aha, aha!«, gackerte er dann. »Ich habe den perfekten Ehemann für dich! Die Vorgespräche können umgehend beginnen.«

»Wer ist es, Euer Majestät?«, fragte ich mit einer Stimme, die kaum mehr als ein Flüstern war. Erstaunt über sein Verhalten warf ich einen raschen Blick auf Jane, die an einer Handarbeit zu sticken begonnen hatte und dem verrückten Schwadronieren ihres Gemahls nur geringe Beachtung schenkte.

»Cromwell! Mein Kanzler mag dich. Das hat er schon oft erwähnt. Er hat dir sogar eine kleine Stute geschenkt, wenn ich mich recht erinnere. Was sagst du dazu, meine Tochter? Ich finde, das wäre eine ideale Verbindung!«

Ich brannte darauf, auszurufen: »Lieber sterbe ich!«, doch das konnte ich natürlich nicht tun. Stattdessen erwiderte ich brav: »Ganz wie der König wünscht.«

Zu meiner großen Erleichterung wurde eine mögliche Heirat mit Cromwell nie wieder angesprochen. Andere mögliche Anwärter kamen zwar ins Gespräch, doch entweder waren sie nicht nach dem Geschmack des Königs – oder sie fanden mich nicht nach ihrem Geschmack. Ich war schließlich ein Bastard. Und König Heinrich war nicht bereit, mir eine ausreichend große Mitgift zu geben, die den fehlenden Adelstitel ersetzt hätte.

Mit meinen zwanzig Jahren hatte ich das Gefühl, als würde mein Leben endlos so weitergehen, leer und sinnlos: Ich hatte weder einen Ehemann noch ein Kind oder gar die Krone. Ich war eine Gefangene der verrückten Launen des Königs, genau wie ich früher eine Gefangene seines Zorns gewesen war. Doch ich klammerte mich an die Erinnerung der Stimme, die damals in der Kapelle zu mir gesprochen hatte: Eines Tages würde ich als englische Königin regieren und der rechtmäßigen Kirche ihren Rang wieder einräumen. Das war die Aufgabe, die vor mir lag.

Chapuys kam noch ein letztes Mal, um sich von mir zu verabschieden. Der Botschafter war auf den Kontinent zurückbeordert worden, zu einem offiziellen Heimatbesuch und für eine Ruhepause, doch er versprach mir vor Ablauf eines Jahres wiederzukommen. Wir spazierten zusammen durch den Park und schlenderten an den kunstvoll gestutzten Gewächsen und lieblich duftenden Blüten vorbei. Die kleine Elisabeth war bei uns. Bildhübsch und lebhaft, wie sie war, rannte sie vor uns her, zupfte ein paar Blumen aus und steckte sie sich in ihre rotgoldenen Locken. Dann kam sie lachend zu uns zurückgerannt.

»Ich bin eine Königin!«, krähte sie und stellte sich in Positur. »Schaut, ich bin eine Königin!«

Chapuys und ich blickten auf das kleine Mädchen und warfen uns dann einen viel sagenden Blick zu. »Hört gut hin«, flüsterte Chapuys. »Eure neue Gegnerin hat sich soeben selbst erklärt.«

Schockiert über seine Worte starrte ich ihn an. »Sie ist doch noch ein Kind.«

»Die Tochter von Anne Boleyn«, sagte er.

Wie konnte er so etwas denken! Das kleine Mädchen war so niedlich! Ich streckte meine Arme aus und Elisabeth lief mir entgegen.

Doch Jahre später sollte ich an diesen Tag zurückdenken und erst da verstand ich, wie wahr und weise Chapuys gesprochen hatte. Meine Schwester sollte tatsächlich zu meinem Alptraum werden, zu meiner erbittertsten Gegnerin.

Im Juli 1536, zwei Monate nach Annes Hinrichtung, starb König Heinrichs unehelicher Sohn Heinrich Fitzroy im Alter von sechzehn Jahren.

Am zwölften Oktober 1537 gelang Königin Jane, was den beiden anderen Ehefrauen vor ihr nicht gelungen war: Sie schenkte König Heinrich einen gesunden Sohn, der den Namen Eduard erhielt. Eine Woche später jedoch wurde Königin Jane vom Kindbettfieber dahingerafft.

Zwei Jahre nach Janes Tod arrangierte Cromwell eine Heirat zwischen Heinrich und einer deutschen Prinzessin, Anna von Kleve, die Heinrich nie zuvor gesehen hatte. Doch er fand seine neue Gemahlin so hässlich, dass er sich umgehend wieder scheiden ließ. Da Anna von Kleve sich der Scheidung nicht widersetzte, konnte sie fortan ein angenehmes Leben auf dem Lande führen, während Cromwell zur Strafe für seinen Missgriff auf dem Schafott endete.

Wenige Monate später heiratete Heinrich erneut. Er war inzwischen neunundvierzig Jahre alt und seine Braut, Katharina Howard, die er seine »Rose ohne Dornen« nannte, erst neunzehn. Doch diese Verbindung ging von Anfang an schief. Heinrich beschuldigte seine fünfte Frau unmoralischer Handlungen und es dauerte kein Jahr, bis auch Katharina Howard vor dem Henker kniete.

Seine sechste und letzte Heirat schloss Heinrich mit einer bereits zweimal verwitweten Frau in den Dreißigern, Katharina Parr, die einen beruhigenden Einfluss auf ihn ausübte. Die Verbindung dauerte an, bis Heinrich sieben Jahre später verstarb.

Bis zu seinem Lebensende fuhr Heinrich damit fort, seine Gegner verfolgen und hinrichten zu lassen. Maria gewöhnte sich an das viele Blutvergießen – mit zwei Ausnahmen. Die erste war ihr Lehrer, Meister Fetherston, der so viel getan hatte, um ihr zu helfen. Er wurde wegen Verrats verurteilt und lebendigen Leibes verbrannt. Die zweite Ausnahme war die Gräfin von Salisbury.

Der König ließ Marias geliebte Freundin und Erzieherin in den Tower sperren und hielt sie dort für fast drei Jahre gefangen. Salisburys Sohn, Reginald Pole, hatte nie aufgehört, den König zu kritisieren, nicht nur wegen seiner Scheidungen und Neuvermählungen, sondern auch wegen seines unbarmherzigen Verhaltens den papsttreuen Mönchen gegenüber. Es ging das Gerücht, dass Reginald ein Komplott schmiedete, um Heinrich umzubringen und Maria auf den Thron zu bringen, und dass Salisbury dabei eine wichtige Rolle spielte.

Maria schrieb an den König und bat um Gnade für die Gräfin. Doch sie erhielt nie eine Antwort. Im Mai 1541 wurde die Gräfin zum Schafott am Towerpark geführt. Salisbury heulte zum Erbarmen, wusste kaum, wo sie war, und versuchte in ihrer namenlosen Angst, dem Henker zu entkommen. Der unerfahrene Henker schlug immer und immer wieder zu, bis es ihm endlich gelungen war, sie in Stücke zu hacken.

Schockiert über so viel Gewalt schwor sich Maria, niemals ihre Hände mit dem Blut Unschuldiger zu beschmutzen, und sie gelobte Wiedergutmachung für das Blut der Märtyrer, die ihr Vater auf dem Gewissen hatte. König Heinrich VIII. starb am achtundzwanzigsten Januar 1547 im Alter von sechsundfünfzig Jahren. Er hinterließ drei Erben: die damals fast dreißigjährige Maria, die dreizehnjährige Elisabeth und den neunjährigen Eduard. Seinem letzten Willen entsprechend, sollte die Krone zuerst an seinen Sohn gehen und dann – falls sie diesen überleben sollten – an seine Töchter, die nicht mehr als unehelich galten, zuerst an Maria, dann an Elisabeth.

Eduard VI. wurde König unter einem Lordprotektor, der an seiner Statt für ihn regierte, doch es sollte nur sechs Jahre dauern, bis Eduard an Schwindsucht starb. Nun wäre Maria an der Reihe gewesen zu regieren, doch plötzlich trat Lady Jane Grey auf den Plan, eine junge Frau, deren ehrgeiziger Familie es gelungen war, den sterbenden Eduard davon zu überzeugen, die Erbgesetze derart zu ändern, dass seine entfernte Kusine Lady Jane auf den Thron kam. Doch Lady Jane regierte nur neun Tage lang. Anhänger von Maria ließen die erst fünfzehnjährige Lady Jane, ihren Vater und ihren Ehemann einkerkern. 1553 schließlich wurde Maria zur Königin von England gekrönt.

Maria war siebenunddreißig und noch unverheiratet, als sie den Thron bestieg, doch sie verliebte sich leidenschaftlich in Philipp, den Sohn ihres spanischen Vetters, Kaiser Karl. Philipp war elf Jahre jünger als Maria. Als er nicht zum König von England gekrönt wurde, wie er insgeheim gehofft hatte, verließ er Maria und segelte in die Niederlande. Die Ehe hatte nur etwas mehr als ein Jahr gedauert.

Wieder einmal war Maria einsam und allein. In ihrer festen Entschlossenheit, das inzwischen protestantische England wieder in die römisch-katholische Kirche zurückzuführen, setzte sie eine Schreckensherrschaft in Gang. Sie ließ ihre Gegner nicht wegen Verrats enthaupten, wie ihr Vater es getan hatte, sondern wegen Ketzerei verbrennen. Im Laufe ihrer fünfjährigen Regierungszeit ließ Maria I. mehrere hunderte von Menschen ihres Glaubens wegen verfolgen und mehr als dreihundert Ketzer auf dem Scheiterhaufen verbrennen. Überzeugt davon, dass ihre beim Volk beliebte, jüngere Halbschwester Elisabeth sie zu stürzen beabsichtigte, hielt Maria sie im gefürchteten Tower von London gefangen.

Maria regierte jedoch nur fünf Jahre lang. Sie starb am siebzehnten Oktober 1558 im Alter von zweiundvierzig Jahren. Ihre Nachfolgerin war ihre damals fünfundzwanzigjährige Halbschwester, Elisabeth I., die England die nächsten fünfundvierzig Jahre lang regieren sollte.

Obwohl Maria oft als freundliche, gütige Person beschrieben wurde, bedachten die Geschichtsschreiber sie wegen ihrer brutalen Regierungsführung mit dem Namen »Bloody Mary« – obwohl sie mit Sicherheit nicht brutaler vorging als viele andere europäische Monarchen ihrer Zeit.

C. M.